Nyogen Senzaki
Ruth Strout McCandless
KEINE SPUREN IM WASSER

KEINE SPUREN IM WASSER

Eine Einführung in Zen

Zusammengestellt, bearbeitet
und aus dem Japanischen übertragen von
NYOGEN SENZAKI und
RUTH STROUT McCANDLESS

Mit einem Vorwort von Robert Aitken

THESEUS VERLAG

Titel der amerikanischen Originalausgabe:
Buddhism and Zen,
erschienen bei North Point Press, Berkeley,
California, USA, 1987

Übertragen aus dem Englischen von Günther Cologna

© 1953, 1987 by Ruth Strout McCandless

© der deutschen Ausgabe 1992 Theseus Verlag Zürich, München
Alle Rechte vorbehalten
Fotografie von Nyogen Senzaki auf Seite 6
mit freundlicher Genehmigung der
Zen Studies Society of New York
Umschlaggestaltung: Eugen Bisig
Herstellung: Druckerei Konstanz GmbH, Konstanz
Printed in Germany

ISBN 3-85936-052-3

INHALT

Vorwort: Nyogen Senzaki, ein amerikanischer Hotei,
von Robert Aitken   7
Ruth Strout McCandless: eine biographische Skizze,
von Günther Cologna 19

Zehn Fragen 27
Bemerkungen zur Meditation 35
Yōka Daishi und sein *Shōdōka* 50
Shōdōka, das Lied der Erleuchtung 53
Aus den Aufzeichnungen der Schüler Bodhidharmas . . 103
Empfehlungen an Zen-Schüler, von Zengetsu 116
Glossar 118
Bibliographie der Werke Nyogen Senzakis 122

NYOGEN SENZAKI
Ein amerikanischer Hotei

Nyogen Senzaki wurde 1876 auf der sibirischen Halbinsel Kamtschatka als Sohn einer Japanerin und eines unbekannten Vaters geboren. Er machte sich jeweils darüber lustig, daß er wahrscheinlich Halb-Chinese war, und tatsächlich sah er eher wie ein Chinese als ein Japaner aus. Genau wußte er es aber selbst nicht.

Seine Mutter starb bei seiner Geburt, worauf er von einem japanischen Tendai-Priester adoptiert wurde, der in Sibirien wahrscheinlich als Seelsorger für die dort lebenden Japaner tätig war. Später zogen sie nach Japan, wo der Junge heranwuchs und schließlich das Studium der Medizin begann, das er aber durch den plötzlichen Tod des Pflegevaters abbrechen mußte. Infolge dieses tragischen Verlustes beschloß der junge Nyogen, dem Leben zu entsagen. Er wurde ein zen-buddhistischer Mönch – erst in der Sōtō-Schule und dann im Rinzai-Kloster Enkakuji in Kita-Kamakura.

Eine Mutterfigur gab es im Leben des jungen Senzaki nicht. Er erzählte mir einmal, daß er als Junge versucht hatte, sich seine Mutter vorzustellen, sich dabei aber nur ein sehr vages Bild von ihr machen konnte. Sein Adoptivvater, sagte er, sei aber eine wichtige Figur in seiner moralischen und religiösen Erziehung gewesen:

>»Als ich fünf Jahre alt war, begann mein Pflegevater seinen Unterricht in den chinesischen Klassikern. Er war ein Kegon-Gelehrter, und es war deshalb natürlich, daß er mich buddhistisch erzog. Mit achtzehn Jahren hatte ich die Lektüre des chinesischen Tripitaka beendet, aber in meinem jetzi-

gen hohen Alter erinnere ich mich nicht mehr, was ich damals las. Sein Einfluß aber dauert fort: den buddhistischen Idealen nachzuleben, ohne Namen und Ansehen, und soweit wie möglich die Welt des Gewinnens und Verlierens zu vermeiden.«[1]

Der Welt den Rücken zu kehren mag zwar die letzte Konsequenz der Lehren seines Vaters gewesen sein, der junge Mönch aber befand sich in einer institutionalisierten Religion mit ihrer Rangordnung und ihren Titeln, was sonderbar weltlich war. Er liebte seinen Lehrmeister, verwarf mit der Zeit aber mehr und mehr das »Zen der Kathedralen«, wie er es nannte. Als er rund dreißig Jahre später einmal mit seinen amerikanischen Schülern über jene Zeit sprach, meinte er:

»Als mein Meister noch lebte, bat ich ihn, mich von jedem offiziellen Rang und Titel unserer Kirche zu verschonen und mir zu gestatten, frei zu sein und in die Welt hinaus zu ziehen. Ich will nicht ›Hochwürden‹ oder ›Bischof‹ genannt werden und auch sonst keinen Titel unserer Kirche tragen. Ein Mitglied der großen amerikanischen Nation zu sein und jeden Lebensabschnitt so zu leben, wie es mir gefällt, finde ich ehrenvoll genug. Ich will ein amerikanischer Hotei sein, ein fröhlich herumwandernder Japs.«[2]

---

[1] Nyogen Senzaki, »Eine autobiographische Skizze«, in: Nyogen Senzaki / Ruth Strout McCandless, *Genro. Die hundert Zen-Koans der »Eisernen Flöte«*, Zürich 1973, S. 163.
[2] Senzaki, »On Buddha's Images«, in: *On Zen Meditation*, Kyōto 1936, S. 99.

Hotei ist der sogenannte »Lachende Buddha«, eine legendäre Figur, die einst durch die Dörfer zog, um Früchte und Kuchen bettelte, und sie dann an Kinder verteilte. Begegnete er Mönchen, stellte er ihnen Fragen, um ihre Erleuchtung auf die Probe zu stellen. »Er ist mein Vorbild«, sagte Senzaki:

> »Dabei denke ich weder an seine äußere Erscheinung noch an sein Leben als Landstreicher, auch nicht an seine Großzügigkeit, sondern an seine ablehnende Haltung der Kirche gegenüber. Kirchen erfüllen einen Zweck, solange sie die wahre Lehre verbreiten; sobald sie aber beginnen, sich zu vermarkten, schaden sie der Lehre mehr als alles andere.«[3]

Senzakis Lehrmeister im Zen war Sōen Shaku, der 1893 auf dem Welt-Kongreß der Religionen erstmals den Zen-Buddhismus in den USA einführte und auch einer der Lehrmeister D. T. Suzukis war. Er erlaubte Senzaki, noch vor Ende der vorgeschriebenen Ausbildungszeit das Kloster zu verlassen und gab ihm ein bemerkenswertes Empfehlungsschreiben mit auf den Weg, datiert »Herbst 1901«:

> »Mönch Nyogen versucht, das Leben eines Bhikkus zu leben nach der Lehre Buddhas, nicht sektiererisch, ohne eine Beziehung zu einem Tempel oder einer Hauptniederlassung; deshalb ist er ohne persönlichen Besitz, verweigert in der Priesterschaft jeglichen Rang und verbirgt sich vor lautem Ansehen und Ruhm. Aber er hält die vier Gelübde – und sie sind größer als der weltliche Ehrgeiz, die

---

[3] ebd.

Schätze des Dharma erhabener als jeder Rang und die liebende Güte wertvoller als Tempelschätze.«[4]

Auf seinen Wanderungen kam Senzaki nach Nordjapan, wo er Priester eines kleinen Tempels und Leiter des dazugehörigen Kindergartens wurde. Das war die vielleicht glücklichste Zeit seines Lebens. Fünfzig Jahre nachdem er Japan verlassen hatte, um in den Vereinigten Staaten zu leben, bot sich ihm die Gelegenheit eines Besuches. Er nahm diese Einladung hauptsächlich deswegen an, weil er die Kinder wiedersehen wollte, mit denen er damals in Aomori gespielt hatte, und die nun zum Teil schon Großeltern waren. Diejenigen unter ihnen, die erreicht werden konnten, veranstalteten eine Zusammenkunft, und er erzählte uns, als er wieder nach Los Angeles zurückkehrte, daß er sie alle wiedererkannte und auch noch ihre Namen wußte.

Während dieser glücklichen Zeit mit den Kindern entwickelte sich auch seine Lehrmethode. Als er in San Francisco erstmals ein Zen-Zentrum errichtete, nannte er es »Mentorgarten« und erklärte:

> »Ich prägte den Ausdruck ›Mentorgarten‹, da ich mir vorstellte, die ganze Welt sei ein herrlicher Garten, in dem alle Freunde in Frieden zusammenkommen und einander Mentoren sein könnten. Dabei wählte ich bewußt die deutsche Form ›Garten‹ statt der englischen Form ›garden‹, da ich Fröbels Theorien über den Kindergarten sehr schätzte und mir vorstellte, daß wir alle Kinder Buddhas seien... Genau wie in einem Kindergar-

---

[4] »Sōen Shaku über Nyogen Senzaki«, in: Senzaki/McCandless, a. a. O., S. 161.

ten hatten wir keinen Lehrer, sondern unterstützten uns gegenseitig und taten unser Bestes, um uns auf natürliche Weise zu entfalten. Und ähnlich einer Kindergärtnerin spielte ich manchmal den Gärtner und übernahm die verschiedensten Arbeiten, vergaß dabei aber nie, daß ich selbst auch eine Blume in diesem Garten war, und mischte mich unter alte und neue Freunde... Im Mentorgarten war ich immer glücklich, warum sollte ich es also nicht auch in Zukunft sein? Dies ist der Geist des Sangha im Urbuddhismus, nein, nicht nur im Urbuddhismus, sondern auch im modernen Buddhismus, vorausgesetzt, er ist echt.«[5]

Der Japanisch-Russische Krieg von 1905 setzte Senzakis Idylle in seinem Kindergarten ein jähes Ende, und er sprach sich klar und deutlich gegen diesen Krieg aus. Es war dies aber eine Zeit starker nationalistischer Gefühle, und die Nachricht von den gefährlichen Äußerungen Senzakis drang bis an die Ohren seines Lehrmeisters. Was dann passierte, ist nicht genau bekannt. Sōen Shaku erhielt vom Ehepaar Russell aus San Francisco, das er 1893 in Chicago kennengelernt hatte, die Einladung, in die USA zu kommen und Unterricht in der Praxis des Zen zu erteilen. Vielleicht hat er Senzaki gebeten, ihm dorthin nachzureisen, vielleicht ergriff dieser von selbst die Initiative. Wie dem auch sei, Senzaki erschien, und sie verbrachten mehrere Monate gemeinsam bei ihren Gastgebern. Als Sōen Shaku wieder nach Japan zurückreiste, blieb Senzaki in San Francisco.

»Lehre zwanzig Jahre lang nicht«, schärfte Sōen Shaku seinem Schüler ein. So begann Senzaki seine amerikanische

---

[5] Senzaki, »Sangha«, in: *On Zen Meditation*, a. a. O., S. 69.

Laufbahn als Hausgehilfe und Koch und führte eine Zeitlang seinen eigenen Schnellimbiß. Er lernte eifrig Englisch und studierte die westliche Philosophie, besonders die Werke Immanuel Kants. »Ich mag Kant«, sagte er mir einmal. »Man hätte ihm bloß einen richtigen Tritt in den Hintern geben müssen.«

Während dieser Zeit erteilte Senzaki auch Japanisch-Unterricht, und sobald er genügend Geld zusammengespart hatte, mietete er einen großen Raum und hielt einen Vortrag über Buddhismus. Er nahm auch an verschiedenen japanischen Kulturveranstaltungen teil und schuf sich so allmählich eine Grundlage für seine künftige Tätigkeit als Zen-Lehrer.

Endlich, 1925, war seine lange Lehrzeit abgeschlossen, und er begann in seinem »Wanderzendō« zu unterrichten – man versammelte sich in den Häusern und Wohnungen der Mitglieder. Unterstützt von Freunden in Japan und San Francisco, mietete er sich später, im Jahre 1928, eine Wohnung in der Bush Street. Dort gründete Senzaki sein erstes Zen-Zentrum, das erste in den Vereinigten Staaten überhaupt.

Obwohl er wollte, daß seine Schüler möglichst selbständig und mit gegenseitiger Hilfe lernten, versuchte er schon bald, einen Lehrmeister aus Japan zu holen, der ihnen beratend zur Seite stehen könnte. Es gelang ihm, Furukawa Gyōdō Rōshi nach San Francisco einzuladen; ich glaube aber, daß bei diesem Besuch einiges schiefgelaufen ist.

Gyōdō Rōshi war sein Mitmönch in Enkakuji und inzwischen Abt des Klosters geworden. Wie mir Senzaki erzählte, fingen die Unannehmlichkeiten bereits an, als er ihn am Hafen abholte. Der Rōshi stand in prächtigen Roben an der Reling des Schiffes, während Senzaki in Arbeitshosen und einem Hemd mit offenem Kragen am Dock wartete. Winkend lief er seinem alten Freund entgegen und rief voller Freude: »Dōsan«, die Kurzform von Gyōdō Rōshis Vornamen. So hatte

Senzaki ihn immer genannt, als sie beide Mönche im Kloster waren. Das war aber nicht der förmliche Empfang, den der vornehme Rōshi erwartet hatte!

Es gab noch andere unangenehme Überraschungen, und so dauerte es nicht lange, war der Rōshi wieder nach Japan unterwegs. Senzaki übersiedelte daraufhin nach Los Angeles. Ich habe den Eindruck, daß dieser Umzug in irgendeiner Beziehung zum Besuch des Rōshi stand, kenne die Einzelheiten aber nicht. Jedenfalls wohnte Senzaki von 1932 an in Los Angeles an der Turner Street, entlang dem Rangierbahnhof – im lautesten, schmutzigsten und natürlich auch billigsten Stadtteil.

Er knüpfte Kontakte zu den dort ansässigen Japanern und lernte dabei Frau Tanahashi kennen, die mit der Zeit seine vielleicht engste Vertraute wurde. Frau Tanahashi führte mit ihrem Mann zusammen einen kleinen Betrieb und konnte es sich nicht leisten, jemanden anzustellen, der auf ihren geistig behinderten Sohn Jimmy aufpaßte. Senzaki bot ihr an, auf den Jungen zu schauen, lehnte aber jede Bezahlung dafür ab. Jahre später erzählte er mir, welche Freude es ihm bereitete, mit dem Kind zu spielen, und wie glücklich er war, als Jimmy es fertigbrachte, seine Hände zu falten und ein paar Brocken der vier Gelübde aufzusagen.

Frau Tanahashi war von Senzaki zutiefst beeindruckt und fing an, mit ihm Zen zu studieren. Ihr Unternehmen florierte, und so wurde sie im Laufe der Zeit seine wichtigste finanzielle Stütze. Wir anderen hinterließen Spenden auf seinen Bücherregalen, und nach unseren Treffen ging er im Raum herum, um die »abgefallenen Blätter«, wie er sie nannte, aufzulesen. War eines dieser Blätter ein Zwanzig-Dollar-Schein, legte er ihn sorgfältig »für Shubin-san«, Frau Tanahashi, zur Seite, um sich wenigstens teilweise für ihre Großzügigkeit zu revanchieren.

Frau Tanahashi war es auch, die eines Tages in einem japanischen Journal einen Artikel über Sōen Nakagawa las, welcher damals als Zen-Mönch zurückgezogen auf dem Berg Dai-Bosatsu in der Präfektur Yamanashi in Japan lebte. Senzaki war von der Geschichte dieses Mönchs, der dem »Zen der Kathedralen« den Rücken gekehrt hatte und auf eigene Faust in einer kleinen Hütte in den Bergen die Erleuchtung suchte, sehr beeindruckt. Er schrieb ihm, woraufhin die beiden Mönche jahrelang in Briefkontakt miteinander standen. Es wurde vereinbart, daß Nakagawa Los Angeles besuchen würde. Der Krieg durchkreuzte aber diese Pläne, und so konnten sie erst 1949 verwirklicht werden.

In der Zwischenzeit wurden Senzaki und Frau Tanahashi, zusammen mit vielen anderen ortsansässigen Japanern, in das Umsiedlungslager von Heart Mountain im Bundesstaat Wyoming eingewiesen. Dies hatte eine demoralisierende und zerrüttende Wirkung auf alle, aber jene, die sich um Senzaki versammelt hatten, machten das Beste aus ihrer Situation. Sie übten zusammen Zazen, rezitierten die Sutras und studierten das Dharma. Ruth Strout McCandless verwaltete Senzakis Bibliothek. Zuvor war jeder japanische Titel numeriert worden; benötigte er ein Buch, brauchte er ihr nur die Nummer anzugeben, und sie konnte es ihm schicken.

Nach dem Krieg kehrte Senzaki nach Los Angeles zurück, wo ihm der Besitzer des Miyako-Hotels, ein Mitinternierter in Heart Mountain, umsonst ein Zimmer im obersten Stock zur Verfügung stellte. Dort lernte ich ihn im Dezember 1947 kennen. Er hatte damals rund dreißig amerikanische Schüler und eine ebenso große Anzahl von Anhängern, die mit ihm in Heart Mountain gewesen waren. Zweimal in der Woche drängten sich fünfzehn bis achtzehn englischsprachige Schüler in sein Zimmer, um dort zu meditieren und sich einen Vortrag anzuhören. Seine japanischen Schüler kamen am Sonntagvormittag zum Zazen und Sutra-Rezitieren. Wir saßen auf Klappsesseln, und es gab fast kein Zeremoniell.

Überdies hatten wir keine organisatorische Struktur und keine Regelung der Mitgliedschaft. Ironischerweise bedeutete diese anarchische Regelung, daß Senzaki alle Entscheidungen in einer zwar wohlwollenden, aber autoritären Weise selbst traf. Uns machte das aber nichts aus. Er war unser weiser und liebenswürdiger Lehrmeister, und wir waren eben die Schüler.

Er war aber auch ein sehr toleranter Lehrer: Er hatte nicht nur mit uns eine unendliche Geduld, sondern war auch Besuchern gegenüber sehr freundlich und hieß sogar Theosophen und Spiritualisten willkommen, deren Ideen er lächerlich fand. Ich erinnere mich daran, wie ich einmal zufällig ein Gespräch mitanhörte. Jemand erläuterte ihm gerade die okkulten Geheimnisse der Pyramiden, worauf Senzaki weiter nichts als sehr höflich immer wieder »Wirklich? Das hätte ich nicht gedacht«, bemerkte.

Eine besondere Toleranz zeigte er gegenüber anderen Richtungen des Buddhismus. »Der Buddhismus ist ein einziger Strom«, pflegte er zu sagen und verwendete absichtlich die Pali-Sprechweise der klassischen Ausdrücke, wie dies in der Theravāda-Tradition üblich ist, anstelle des im Mahāyāna-Buddhismus gebräuchlichen Sanskrits. Er sagte (und schrieb) zum Beispiel immer »Dhamma« statt »Dharma«. Er unterhielt freundschaftliche Beziehungen zum einzigen Theravāda-Meister, der damals in Los Angeles lebte, und lud ihn oft ein, um Vorträge zu halten.

Ich habe noch nie einen Lehrmeister kennengelernt, der eine nüchternere Ausdrucksweise gehabt hätte als er. Während ich einmal den Dōjō (Meditationsraum) säuberte, unterhielt er sich mit einem Besucher im Bibliothekszimmer über sein religiöses Erbe. Plötzlich rief er mir zu: »Bring mir bitte das Bild jenes alten Knaben drüben auf dem Tisch!« Der »alte Knabe« war Bodhidharma, und der »Tisch« war sein Altar. Natürlich war Bodhidharma sein großes Vorbild, und der Tisch war der Mittelpunkt seiner Andachten – aber für ihn waren das Dinge, über die man sich besser ausschwieg.

Senzaki war ein ruhiger und fröhlicher Mensch, der sich in der Neuen Welt zu Hause fühlte und immer dazu aufgelegt war, mit ein paar Freunden in die Konditorei der Japan Town zu gehen, um Waffeln zu essen. Mit flotten Schritten und einer für seine Stämmigkeit beachtlich geraden Haltung eilte er immer allen voraus und hielt stets ein freundliches Lächeln und einen lieben Gruß für seine vielen Freunde bereit. Seine Bekleidung war ländlich und zerknittert, und für Zen-Veranstaltungen zog er einfach eine Robe über seinen Straßenanzug.

Die Vorträge, die er bei unseren Zusammenkünften hielt, waren immer voller Zen-Parabeln, die unverständlich, dafür aber entzückend waren. Wir alle hatten die Hoffnung, sie allmählich verstehen zu lernen, und hielten uns an seinen Ausspruch: »Zen ist kein Rätsel, das mit dem Verstand gelöst werden könnte. Es ist spirituelle Nahrung für diejenigen, die das Leben ergründen und unsere Aufgabe erkennen wollen.«[6] In früheren Jahren waren persönliche Interviews ein Bestandteil dieser Treffen, aber als ich zur Gruppe stieß, gab es diesen Brauch schon nicht mehr.

Senzaki war der Ansicht, daß er lediglich den Grundstein für Zen in Amerika legte. »Eines Tages wird es den Mentorgarten nicht mehr geben«, sagte er einmal zu mir, »aber Sōen-san wird in den Vereinigten Staaten einen großen Tempel bauen, und das Dhamma wird gedeihen.« Aus

---

[6] Senzaki, »Realization«, in: *Namu Dai Bosa*, herausgegeben von Louis Nordstrom, New York 1976, S. 31.

Sōen-san wurde dann aber Sōen Rōshi und der Abt eines Klosters in Japan, der höchstens manchmal zu Besuch kommen konnte. So wie Hotei hat Senzaki aber viele Nachkommen. Sein Freund Sōen Rōshi ermutigte die Mentorgarten-Schüler zum Weitermachen und brachte seinen Freund Haku'un Yasutani Rōshi in den sechziger Jahren dazu, öfters in die Vereinigten Staaten zu kommen und dort Sesshins (Meditationskurse) abzuhalten. So führten diese beiden Rōshis Senzakis Lebenswerk fort und spielten eine wichtige Rolle in der Gründung einer Reihe von Zen-Zentren in den Vereinigten Staaten. Der Diamond Sangha auf Hawaii, das Los Angeles Zen Center, die Zen Studies Society in New York und das Rochester Zen Center – sie führen ihr Bestehen alle auf das Karma zurück, das Senzaki auf leise Art in Gang gesetzt hat. Die Mitglieder des San Francisco Zen Centers und anderer Zen-Gruppen wie auch viele einzelne Zen-Schüler fühlen sich mit ihm verbunden.

Die letzten Jahre seines Lebens verbrachte Senzaki in einer Wohnung, die Frau Tanahashi in Boyle Heights, im Osten von Los Angeles, für ihn gemietet hatte, nachdem das Miyako-Hotel verkauft worden war. Fast bis zum Schluß traf er seine Schüler und sprach seine letzte Rede vor seinem Tod im März 1958 auf Tonband. Ich erinnere mich noch sehr genau, wie ich in der Leichenhalle saß und zum letzten Mal seine Stimme hörte:

»Meine Freunde im Dhamma, seid mit euren eigenen Köpfen zufrieden. Setzt keine falschen Köpfe auf eure eigenen. Achtet von Augenblick zu Augenblick sorgfältig auf alle eure Schritte. Bewahrt euch immer einen kühlen Kopf und warme Füße. Das sind meine letzten Worte an euch.«

Er fügte noch hinzu:

»Ich danke euch allen von ganzem Herzen dafür, daß ihr während all dieser Zeit so gut auf mich geschaut habt. Bye bye.«

Das Tonband endete mit seinem kleinen Lachen.

Es freut mich, daß diese Sammlung von Senzakis Essays, die er in Zusammenarbeit mit Ruth Strout McCandless verfaßt hat, nun neu aufgelegt wird. Ich spüre seine Gegenwart, wenn ich seine Worte lese:

»In Amerika hat es in der Vergangenheit Zen-Schüler gegeben, es gibt gegenwärtig welche, und in Zukunft wird es noch viel mehr geben. Sie mischen sich ohne weiteres unter die sogenannten weltlichen Menschen, spielen mit Kindern, respektieren Könige und Bettler und gehen mit Gold und Silber um wie mit Kieselsteinen.«

Diese Worte sind prophetisch, und sie sind gleichzeitig auch Gelübde. Ich mache sie hiermit zu meinen eigenen.

Robert Aitken
Koko An Zendō, Honolulu
Frühjahrs-Trainings-Periode 1987

RUTH STROUT McCANDLESS
Eine biographische Skizze

Ruth Strout McCandless wurde 1909 in der Nähe von San Francisco geboren. Bei der Lektüre von L. Adams Becks *The Garden of Vision* stieß sie zum ersten Mal auf den Zen-Buddhismus und war davon so fasziniert, daß sie sofort mehr darüber erfahren wollte. Sie versuchte es, jedoch ohne Erfolg, in den Buchläden und Bibliotheken von Los Angeles, wohin sie nach ihrer Heirat gezogen war. Schließlich lernte sie Manly P. Hall, den Begründer der Philosophical Research Society, kennen. Er lieh ihr D. T. Suzukis *Essays in Zen Buddhism,* eines der wenigen Bücher, die es damals über Zen auf englisch gab. Gleichzeitig empfahl er Ruth Strout McCandless, einen Mönch aufzusuchen, der im Zentrum von Los Angeles wohnte. So lernte sie im Januar 1941 Nyogen Senzaki kennen.

Zwischen den beiden entwickelte sich sehr bald eine innige Freundschaft, und Senzaki, dessen Englisch-Kenntnisse auch nach über dreißig Jahren Aufenthalt in den USA noch ziemlich begrenzt waren, bat sie, Übersetzungen, die er zum Eigengebrauch angefertigt hatte, zu überarbeiten und zu ordnen. Im Dezember desselben Jahres gab Senzaki ihr den buddhistischen Namen »Kangetsu« – Wintermond.

Während Senzakis Internierung in Heart Mountain war sein Hab und Gut – das waren in erster Linie seine Bücher – in der Garage der Familie McCandless untergebracht. 1946 kehrte Senzaki nach Los Angeles zurück. Der Kreis seiner Schüler erweiterte sich, als in den USA, gewissermaßen als Begleiterscheinung des Sieges über Japan, ein Interesse für japanische Kultur und Traditionen wach wurde.

In diese Zeit fällt auch die Gastprofessur D. T. Suzukis an der Universität Claremont und seine Verbindung zu Senzaki und zu Ruth Strout McCandless. Prof. Suzuki und sie wurden gute Freunde, und sie machte einmal die Bemerkung, er hätte einen viel tieferen Einblick in Zen gehabt, als viele Rōshis, die sie später in Japan antraf, obwohl er nie Mönch gewesen war. Einige Jahre später wurde sie von ihrer früheren Alma Mater, Stanford University, gebeten, eine Einführung in den Zen-Buddhismus zu verfassen, woraus dann das vorliegende Buch wurde.

1955 begleitete Ruth McCandless den nun fast achtzigjährigen Senzaki, der seit seiner Einwanderung Amerika nie mehr verlassen hatte, auf eine Reise nach Japan. Als sie in Tokyo waren, erkrankte er aber und wurde eine Zeitlang von Freunden gepflegt. Sōen Nakagawa Rōshi, den Frau McCandless schon sechs Jahre vorher in Los Angeles kennengelernt hatte, kam zu Besuch, und als sie erfuhr, daß in seinem Kloster bald ein Sesshin beginnen würde, bat sie ihn, daran teilnehmen zu dürfen. Es war ihr erster Aufenthalt in einem japanischen Zen-Kloster, und eines der ersten Male, daß eine westliche Frau Gelegenheit dazu hatte.

Nach dem Sesshin brachte Sōen Rōshi, der nicht nur Abt des von Hakuin gegründeten Tempels Ryūtakuji in Mishima, sondern auch ein anerkannter Haiku-Dichter war, seinen amerikanischen Gast in die alte Hauptstadt Kyōto. »Es war aber viel mehr als ein Ausflug. Die ganze Zeit stellte er mich auf die Probe!« berichtet sie. Anschließend kehrten sie zurück nach Mishima, wo sich Frau McCandless noch insgesamt fünf Monate im Kloster aufhielt.

Nach Senzakis Tod und nachdem Zen in den sechziger Jahren in den USA in bestimmten Kreisen eine Modeerscheinung geworden war, die ihres Erachtens wenig mit dem Wesen des Zen zu tun hatte, zog sie sich mehr und mehr zurück. Da ihre beiden Söhne nun erwachsen waren, beschloß sie, in Claremont das Studium der Religionswissenschaft und Orientalistik zu beginnen, das sie 1963 abschloß. Es folgte die Veröffentlichung von *The Iron Flute* mit weiteren Übersetzungen von Nyogen Senzaki.

Was Ruth Strout McCandless' Leben so beispielhaft macht, ist die Tatsache, daß sie trotz heftiger äußerer Widerstände und trotz der Schwierigkeiten, die daraus erwuchsen, daß sie sich für ein damals völlig unbekanntes Thema interessierte, immer ihren Weg weiterging. Und sie tut es noch immer!

Günther Cologna
Sommer 1991

Der Buddha-Körper ist allgegenwärtig.
Jedes Wesen erblickt ihn, entsprechend seinen
Bestrebungen und seiner karmischen Vorbestimmung,
wie er ewiglich im Sitz der Meditation verweilt.*

---

* Es ist das Wesen des Buddha-Körpers, daß er sich in der Welt der Erscheinungen in unzähligen, ganz individuellen Formen manifestiert. Er existiert nicht außerhalb der einzelnen Erscheinungsformen, sondern in ihnen, und erfüllt sie mit Leben. In dieser Form unterliegt der Buddha-Körper gewissen Bedingungen, wie Zeit, Raum, Ursache und Wirkung. Sein Wesen ist unendlich, seine Erscheinungsformen aber sind endlich und begrenzt. Deshalb muß der Buddha-Körper warten, bis die notwendigen Voraussetzungen gegeben sind, um sich ausdrücken zu können.

Stell dir vor, da ist ein Spiegel... der Spiegel des Buddha-Körpers. Was immer vor dem Spiegel erscheint, wird darin reflektiert ohne irgendein Dazutun des Spiegels. Schön oder häßlich, hoch oder niedrig, reich oder arm, gut oder böse – alles wird ganz unvoreingenommen widerspiegelt. Sind die richtigen Bedingungen gegeben, wird jede Erscheinungsform ohne Zögern, ohne Überlegung und ohne besonderes Aufsehen im Spiegel oder Wesen des Buddha-Körpers reflektiert. So funktioniert das Prinzip des Karma.

Obwohl es die verschiedenartigsten Erscheinungsformen gibt, welche durch ihr Karma einer ständigen Veränderung und Beeinflussung unterworfen sind, verweilt der Buddha-Körper für immer im Sitz der Erleuchtung, in unserer Selbst-Natur.

Der Mond scheint ruhig am Himmel und beleuchtet mit seinem Lichtstrahl zahllose Dinge, vorausgesetzt, die Bedingungen dafür sind reif. Sein Licht reflektiert in der kleinsten Pfütze genauso wie auf der größten Wasserfläche, gleichgültig, ob das Wasser nun sauber oder verschmutzt ist; jedes Wasser widerspiegelt denselben Mond entsprechend seiner Eigenart. Genauso vielfältig sind die Schatten, die das Mondlicht wirft, ohne daß man deswegen behaupten könnte, ein Schatten sei grundlegend anders als ein anderer, oder der Mond hätte auch nur eine Sekunde seine Bahn verlassen.

KEINE SPUREN IM WASSER

ZEHN FRAGEN

Der Buddhismus gilt heute nicht mehr als eine seltsame, durch Aberglauben und Götzenanbetung charakterisierte Lehre, sondern wird von gebildeten Menschen weltweit als eine Religion der Erleuchtung angesehen, die mit den höchsten ethischen Prinzipien und den letzten Erkenntnissen der Wissenschaft in Einklang steht. Mit dem wachsenden Interesse am Buddhismus im Westen kommt auch das Bedürfnis nach genauer und unverfälschter Information. Philologen mögen die Texte und ihre Kommentare auch wortgetreu übersetzen, aber ohne ein tieferes Verständnis ihrer Bedeutung können Worte irreführend oder gar sinnlos sein. Die Priester in den Tempeln trachten oft nur danach, die Mitgliederzahl ihrer Gemeinde zu erhöhen, und legen deshalb großen Wert auf äußere Konformität – auf Kosten des inneren Wachstums. Es ist eine anerkannte Tatsache, daß alle großen Religionen abgeändert und verfälscht wurden von jenen, die angeblich bemüht waren, die Lehre aufrechtzuerhalten und zu verbreiten. Dazu kommt, daß Religionen meist von den bereits vorhandenen Glaubensvorstellungen und Bräuchen eines Volkes beeinflußt wurden.

Man unterscheidet im Buddhismus zwei Hauptströmungen, den Hinayāna- (auch Theravāda genannten) und den Mahāyāna-Buddhismus. Generell kann man sagen, daß die Hinayāna-Buddhisten sich von der Welt abkehren, um die eigene Erleuchtung anzustreben, während die Mahāyāna-Buddhisten in der Welt bleiben, um sich und andere zur Erleuchtung zu bringen. Obwohl es innerhalb dieser Strömungen wieder Untergruppierungen oder Schulen gibt, basieren alle auf den Lehren des Gautama Buddha.

Die folgenden zehn Fragen sind jene, welche von Nicht-Buddhisten am häufigsten gestellt werden:

Woran glauben Buddhisten und wen beten sie an?

Die Wörter »glauben« und »beten« sind den Buddhisten fremd, da sie nicht »glauben«, sondern verstehen, und nicht »beten«, sondern das, was sie verstehen, praktizieren.

Ist Buddha eine orientalische Gottheit?

Die Antwort ist: nein. Buddha war ein Mensch, der sich mit Philosophie befaßte und die höchste Wahrheit ergründen wollte. Er wurde 565 vor unserer Zeitrechnung als Siddhartha Gautama geboren und war zum Thronfolger eines nordindischen Königreiches bestimmt. Mit neunundzwanzig Jahren verzichtete er auf sein Amt, um Bettelmönch zu werden, und nach sechs Jahren harter Arbeit erlangte er durch seine Meditation die Erleuchtung. In den folgenden fünfundvierzig Jahren reiste er durch Indien und lehrte den Weg der Befreiung. Seine Lehrreden wurden in Pali und Sanskrit aufgezeichnet und später ins Chinesische, Japanische und in verschiedene andere asiatische Sprachen übertragen. Bisher wurde erst ein Teil dieser Texte in europäische Sprachen übersetzt. Die ersten Übersetzungen erfolgten durch britische Philologen und Archäologen, denen dann die Arbeiten deutscher, französischer und skandinavischer Gelehrter folgten. Inzwischen können westliche Schüler, die sich näher für das Wesen des Buddhismus und seine praktische Anwendung interessieren, aus westlichen und östlichen Quellen schöpfen.

Auf seinem Sterbebett soll Buddha gesagt haben: »Meine Lehre wird euer Lehrer sein, wenn ich nicht mehr da bin.« Er nannte seine Lehre »Dharma« (Pali: *Dhamma*), das Gesetz des

Universums. Der Buddhismus lehrt uns, wie wir unseren Geist befreien können, um in Einklang mit diesem Universalgesetz zu leben. Aus diesem Grunde wird der Buddhismus mehr und mehr zum verborgenen Schatz für gebildete Menschen auf der ganzen Welt.

Wenn Buddha kein Gott ist, dann muß es doch einen wahren Gott geben über uns. Glauben die Buddhisten an einen Gott?

Wenn das Wort »Gott« eine poetische Bezeichnung für das Universalgesetz sein soll, dann lautet die Antwort: ja. Ist damit aber ein persönliches Wesen, unabhängig von diesem Gesetz gemeint, dann muß die Frage verneint werden. Für Buddhisten sind Gott und das Universum ein und dasselbe. Für sie gibt es in der Mathematik des Unendlichen keinen Rest. Alles Leben ist eins; der Mensch kann deshalb nicht von Gott, und Gott nicht vom Universum getrennt werden. Ein Gott außerhalb der Welt wäre ein falscher Gott und eine Welt, die nicht in Gott wäre, eine unwirkliche. Alles kehrt zum Einen zurück, und das Eine wirkt in allem.

Ein Mensch ist nicht unmoralisch oder gottlos, weil er nicht an einen persönlichen Gott glaubt. Es wäre im Gegenteil denkbar, daß er das wahre Wesen der Menschheit und des Universums besser kennt als die orthodoxen Anhänger jüngerer Religionen. Die Buddhisten zum Beispiel haben das anthropomorphe Gottesbild schon vor 2500 Jahren abgelegt.

Wenn es außerhalb dieser Welt keinen Gott gibt, wer hat dann die Welt erschaffen?

Wenn der Begriff »Gott« so wichtig für einen ist, dann kann man davon ausgehen, daß das Universum Gott ist und Gott das Universum. Es ist aber ein Widerspruch zu sagen, daß Gott das

Universum schuf, und dann zu behaupten, daß er außerhalb desselben stehe. Weder Gott noch Nicht-Gott kann außerhalb dieses Einsseins existieren. Wir erschaffen die Welt jeden Tag und jeden Augenblick neu. Wenn wir schlafen, gibt es nichts, sobald wir aber aufwachen, erschaffen unsere Sinne sogleich die Welt der Formen, der Farben, des Geruchs, des Geschmacks und der Berührung. Buddhisten sehen die Welt als eine sich ständig im Fluß befindliche Erscheinung, die durch verschiedenartigste Beziehungen und Abhängigkeiten geregelt wird, aber nicht von einer Gottheit erschaffen wurde.

Diese Welt entsteht in der Beziehung zwischen Subjektivität und Objektivität. Buddha gelangte zur Überzeugung, daß es außerhalb dieser subjektiven und objektiven Beziehung zwischen der Welt und den Elementen nichts gibt. Wenn du glaubst, daß die Welt von einem allmächtigen Wesen erschaffen wurde, dann mußt du dich unfähig fühlen, sie zu verändern; dein Schicksal läge dann ganz in den Händen des Schöpfers. Für Buddhisten ist die Welt von uns selbst geschaffen. Wir können sie ändern, neu aufbauen oder verbessern, ganz wie wir wollen.

Was ist dann der Geist? Haben wir ihn nicht am Anbeginn der Schöpfung von Gott erhalten?

Wenn es keinen persönlichen Gott gibt, dann kann niemand außer dir selbst den Geist hervorbringen. Der Geist ist eine endlose Kette dreier Vorgänge, nämlich des Verlangens, des Handelns und der Unzufriedenheit. Zusammen bilden sie einen Zyklus: das Verlangen veranlaßt uns zu handeln, Handeln führt zu Unzufriedenheit und diese wiederum zu Verlangen. Ohne diese drei Vorgänge gibt es keinen Geist und folglich auch keinen Körper. Erreicht man diese Stufe des Verständnisses, erkennt man, daß das ganze Universum nach dem Prinzip von Ursache und Wirkung dem genannten Zyklus unterliegt, und daß es außer dieser endlosen Kette weder einen Schöpfer noch einen Herrscher im Universum gibt. Der Buddhismus verlagert das Zentrum des Universums in die Subjektivität des individuellen Geistes, während andere Religionen es in der Objektivität außerhalb des Geistes ansiedeln.

Was ist die erste Ursache, der Anfang von allem?

Anderen Religionen zufolge ist es Gott, Allah, Brahma oder sonst etwas außerhalb des Individuums. Der Buddhismus räumt mit solchen müßigen Spekulationen auf und lehrt dich, die Antwort auf diese Fragen in dir selbst zu finden. Mit dem Intellekt können wir das Problem nicht lösen, im Gegenteil, wir schieben die Antwort nur weiter von uns fort. Der Buddhismus verlangt nicht von uns, zu glauben, wir hätten die Welt selbst erschaffen, oder die Behauptung zu akzeptieren, daß wir stellvertretend für die Missetaten eines anderen büßen müssen. Er verspricht uns aber, daß wir, wenn wir die Bedingungen erfüllt haben, die Antwort erfahren werden.

Glauben Buddhisten an ein künftiges Leben?

Die Antwort ist: ja, wenn damit das Fortbestehen des kosmischen Lebens gemeint ist; nein, wenn darunter eine zukünftige individuelle Existenz verstanden wird. Wir leben in einer unendlichen Welt, der Welt des karmischen Lebens oder der Welt der drei Vorgänge. Andere Religionen lehren, daß wir am Ende des Lebens vor ein göttliches Gericht kommen. Der Buddhismus hingegen lehrt, daß gute oder schlechte Eigenschaften entsprechend dem individuellen Bestreben weiterbestehen. In anderen Religionen gibt es eine lineare Zeitabfolge von Vergangenheit, Gegenwart und Zukunft, für Buddhisten aber sind dies lediglich Bezeichnungen für einen endlosen Kreislauf.

Bedeutet der Ausdruck »Buddha« auch noch etwas anderes als den Begründer dieser Lehren?

Ja. Das Wort »Buddha« bezeichnet auch den erleuchteten Geisteszustand. Oft versteht man überhaupt nur das darunter. Siddhartha Gautama wurde Buddha genannt, weil er durch seine eigene Ausdauer die höchste Erleuchtung und ethische Vollkommenheit erlangte. Er war aber kein Gott, der sich der Menschheit offenbarte, und auch keiner, der von Gott gesandt wurde, um die Menschheit zu erlösen. Er erlangte seine Erleuchtung durch intensive Selbstschulung, ohne die Hilfe von Gott oder Mensch zu suchen. Obwohl Buddhisten Siddhartha Gautama als den Buddha bezeichnen, anerkennen sie auch andere Buddhas vor und nach ihm. Die Buddhaschaft ist ein Ziel, das jeder erreichen kann. Damit erlangt man aber nicht die Fähigkeit, zu »erlösen«. Buddhisten sind der Ansicht, daß es außer dem Glanz der erleuchteten Weisheit keinen Erlöser gibt.

Hast du eine Abbildung oder eine Statue von Buddha zu Hause, bete sie nicht an und bitte sie nicht um Glück oder Gesundheit. Erkenne in ihr vielmehr das, was du selbst einmal in Zukunft sein wirst. Die innere Gelassenheit, die sie darstellt, wird dir ein guter Begleiter sein beim Meditieren. Denke an Buddhas Worte: »Wenn du versuchst, mich durch meine Erscheinung zu erkennen, oder mich durch meine Worte zu hören, wirst du mich niemals erreichen, und meine Lehren werden dir für immer fremd bleiben.«

Gibt es Vorschriften im Buddhismus, vergleichbar mit den Zehn Geboten oder der Bergpredigt?

Ja. Für buddhistische Mönche und Nonnen gibt es mehr als 250 Ordensregeln. Das *Brahmajāla Sutra*[1] erwähnt zehn Regeln,

---

[1] Sutra (Sanskrit; Pali: *Sutta*): »Leitfaden«, Lehrrede des Buddha.

die für alle Mahāyāna-Buddhisten verbindlich sind. Wir westlichen Buddhisten halten uns hauptsächlich an drei Grundsätze: alle bösen Gedanken und Taten zu vermeiden, gute Gedanken zu haben und gute Taten zu vollbringen, und *Prajñā*[2] zu entwickeln zum Wohl der gesamten Menschheit und aller anderen Lebewesen.

Aus diesen Regeln ergibt sich von selbst, daß man kein Lebewesen zum eigenen Vergnügen tötet, sondern liebende Güte für alle empfindet; daß man nichts nimmt, was einem nicht gehört, sondern selbstlos und großzügig lebt; daß man in der Ehe strikt die Treue hält und sich liebt und respektiert; daß man sich läutert und weiterentwickelt; daß kein unwahres Wort gesprochen und in jeder Beziehung Integrität bewahrt wird; daß man sich nicht berauscht, Maß hält und ein reines Leben führt, sich sauber hält und würdevoll benimmt.

Welche Einstellung hat der Buddhismus anderen Religionen gegenüber?

»Der Buddhismus hegt anderen Religionen gegenüber keine zerstörerischen Absichten. Darin unterscheidet sich die Verbreitung des Buddhismus sehr deutlich von derjenigen des Christentums und des Islam. Diese vertraten gewöhnlich die Ansicht, daß dem Aufbau eine Zerstörung voranginge oder zumindest, daß die beiden Hand in Hand gingen. Das Ziel des Buddhismus war es normalerweise, nichts zu zerstören und den Schwerpunkt auf die konstruktive und positive Seite zu legen.«[3] Die Geschichte der buddhistischen Ausbreitung ist nicht mit

---

[2] *Prajñā* (Sanskrit): Weisheit; die Fähigkeit, intuitiv und nicht nur verstandesmäßig das wahre Wesen der Dinge zu erfassen.
[3] James Bissett Pratt, *The Pilgrimage of Buddhism,* New York 1928, keine Seitenangabe.

Blut beschmutzt. Es gibt kein Beispiel der Zerstörung von Sitten und Bräuchen anderer Länder und Religionen, weder gewaltsam noch durch Lächerlichmachung, durch diejenigen, die den Buddhismus verbreiten; sie bestehen auch nicht darauf, daß nur ihre eigenen Rituale und Formen praktiziert werden. Sie akzeptieren, was in jeder Religion an Wahrem und Wertvollem vorhanden ist und studieren die heiligen Schriften und Lehren aller Traditionen. Der Buddhismus verbreitet sich durch das stille Wirken derer, die seine Lehren in ihrem täglichen Leben verwirklichen, und durch das Wissen, das man sich weltweit in Hochschulen oder durch Bücher aneignen kann.

BEMERKUNGEN ZUR MEDITATION

Obwohl das Wort »Zen« von der chinesischen Schreibweise des Sanskrit-Wortes *Dhyāna*[1] abstammt, bedeutet es nicht dasselbe wie *Dhyāna*. Daitō sagte einmal: »Es kann einer auch stundenlang in Versenkung dasitzen, wenn er kein Zen hat, dann ist er nicht mein Schüler.« Bei einer anderen Gelegenheit kam ein Schüler zu Kwan-Zan, um persönliche Anweisungen von ihm zu erhalten. Kwan-Zan erkundigte sich, wo und bei welchem Meister er denn Zen studiert hätte. Als der Schüler antwortete, er hätte bei Jakushitsu im Kloster Yoken studiert, sagte Kwan-Zan: »Zeig mir, was du gelernt hast.« Als Antwort setzte sich der Schüler schweigend mit gekreuzten Beinen hin, worauf Kwan-Zan ihn anschrie: »Mein Kloster hat schon viel zu viele steinerne Buddhas. Mehr brauchen wir nicht. Verschwinde, du Nichtsnutz!«

Zen bedient sich der Meditation, um *Samādhi*[2] zu erlangen, verkennt aber nicht, daß auch andere Methoden möglich sind. Der Zen-Buddhismus besteht aber darauf, daß das, was durch die Übung von *Zazen*[3] erzielt, im täglichen Leben angewendet wird. Die Zen-Lehren warnen immer wieder vor der Falle des »Quietismus«.

Widmen wir uns der Meditation, dann entledigen wir uns nach und nach unserer seelischen Belastungen, unserer unnützen

---

[1] *Dhyāna* (Sanskrit): Meditation, Versenkung.
[2] *Samādhi* (Sanskrit): Wird manchmal an Stelle von *Dhyāna* verwendet, bezieht sich aber meistens auf den Zustand, den man durch das Praktizieren von *Dhyāna* erlangt.
[3] *Zazen* (japanisch, vom chinesischen Ausdruck *tso ch'an): in Meditation sitzen.

Sorgen und unserer Zerstreutheit; das Leben scheint reibungslos und angenehm zu verlaufen. Wir können uns bei Entscheidungen mehr und mehr auf unsere Intuition verlassen. Handeln wir intuitiv, brauchen wir nicht erst lange zu überlegen, wodurch es gar nicht dazu kommt, daß wir zweifeln, zögern oder hin- und hergerissen sind.

Das Bewußtsein ist keine Instanz, welche die Regungen des Geistes beherrscht, sondern ein Brennpunkt geistiger Kräfte. Wenn in der Meditation die geistigen Aktivitäten nachlassen, gibt es keinen Brennpunkt mehr. Aber sobald die fünf Sinne ihre Tätigkeit wieder aufnehmen, wird das Bewußtsein hellwach. Genau dasselbe passiert, wenn jemand aus dem Schlaf erwacht.

Manchmal sprechen Menschen, die eben erst begonnen haben zu meditieren, über ihre Träume, als ob es eine Verbindung zwischen der Zen-Erfahrung des Erwachens und dem Träumen gäbe. Träume sind aber ein psychologisches Phänomen und haben mit Zen nichts zu tun.

Kōan

Ein Kōan ist ein Problem, das ein Meister einem Schüler zur Lösung aufgibt. Der Schüler muß es in erster Linie alleine lösen, obwohl ihm der Meister gelegentlich dabei behilflich ist. Um ein Kōan lösen zu können, muß man alles daransetzen; man darf aber nicht über das Kōan nachdenken. Je mehr man versucht, mit dem Verstand darauf herumzuhämmern, desto schwieriger ist es, die Lösung zu finden. Wenn beide Hände zusammenklatschen, hörst du einen Ton. Was ist der Ton *einer* Hand? Das ist ein Kōan. Wenn du meinst, diesen Ton gäbe es nicht, dann irrst du dich.

Für einen Außenstehenden ist ein Kōan nichts als Unsinn, für einen Zen-Schüler aber ist es ein Tor zur Erleuchtung. Mit Denkakrobatik, ganz gleich, wie geschickt man darin auch sein mag, ist ein Kōan nicht zu lösen. Der Zweck des Kōans ist es gerade, den Schüler über seinen Verstand hinaus zu fordern. Beschäftige dich nicht mit mehreren Kōans gleichzeitig und spreche darüber mit niemandem außer mit deinem Lehrer. Befasse dich einfach mit der Frage, ohne an etwas anderes zu denken. Nütze jede freie Minute, um mit dem Kōan deinen Geist zu üben, ohne deshalb deine Alltagspflichten zu vernachlässigen.

Jedes Kōan ist ein spontaner Ausdruck einer tatsächlichen Erfahrung eines Menschen und entspricht dem jeweiligen Grad der Erleuchtung. Erreicht man denselben Grad, drückt man dasselbe aus. Hat man selbst die Erkenntnis nicht erlangt, ist es sinnlos, daß Philosophen oder spirituelle Meister über das Noumenon, das Einssein, das Absolute, den Gott in uns oder sonst einen leeren Begriff sprechen, der einen nur ablenken würde.

Wenn du nicht darauf vertraust, daß du noch in diesem Leben die Erleuchtung erlangst, dann beschäftigst du dich besser überhaupt nicht mit Zen. Es gibt ja genügend andere Religionen, die eine Erleuchtung *nach* dem Tode versprechen.

Bevor du eines der Tore des Zen betrittst, lege alle egoistischen Vorstellungen ab. Wenn du glaubst, du könntest die letzte Wahrheit mit deinem Verstand ergründen, warum tust du es nicht? Wenn du einmal begonnen hast, dich mit Zen zu beschäftigen, dann schau weder nach rechts noch nach links, sondern gehe immer geradeaus.

Ekido, ein japanischer Zen-Meister, der im 19. Jahrhundert lebte, stellte folgende Richtlinien auf: »Erstens gilt es, den Wasserfall von Leben und Tod zu überqueren. (Was ist Leben? Was ist Tod? Diese Fragen müssen beantwortet werden.) Ich will nicht aufhören zu meditieren, bis ich das begriffen habe. Zweitens sollte jede Stunde des Tages und der Nacht gelebt werden, wie die Buddhas und die Patriarchen lebten. Ihr Weg ist nicht übertragbar und kann nur verwirklicht werden, indem man ihn lebt. Drittens, wo immer ich auch sein mag und solange ich lebe, sollte ich mir keine weiteren Gedanken, weder positive noch negative, über meine Umgebung machen.«

Der Durchschnittsmensch hat keine Ahnung vom wahren Sinn von Leben und Tod, deshalb klammert er sich an das Leben und fürchtet sich vor dem Tod. Ein Bodhisattva[4] betrachtet seinen Körper nicht als sein Eigentum und trennt auch nicht zwischen Körper und Geist. Wenn er ihn mit seinen Sinnen wahrnimmt, nennt er ihn Körper; wenn er ihn gedanklich oder gefühlsmäßig erfaßt, nennt er ihn Geist. Die meisten Leute klammern sich an »ihre« Gedanken und verursachen auf diese Weise Leiden in der Welt. Im *Diamant-Sutra* sagte Buddha: »Wenn gute Männer und Frauen den Wunsch nach höchster, vollkommener Erleuchtung äußern, sollen sie ihre Gedanken beherrschen lernen. Solange ein Bodhisattva an Begriffen wie Ich, Person, Wesen oder Seele festhält, kann er nicht ein Bodhisattva genannt werden.« Mit meiner Logik kann ich deinen Verstand überzeugen, ich kann aber nicht die Trägheit deiner dualistischen Denkgewohnheiten überwinden. Du kannst die Einheit aller Dinge vielleicht verstandesmäßig erfassen, dein Denken aber wird, wie ein Wasserfall, dualistisch weiterfließen. Du mußt diesen Wasserfall ein für allemal überqueren, um selbst die wahre Leere zu erfahren, von der Buddha gesagt hat: »Alles, was Form hat, ist bloße Erscheinung. Wer erkennt, daß jede Form in Wirklichkeit Nicht-Form ist, der erkennt den *Tathāgata*[5].«

---

[4] Ein Bodhisattva ist ein Mensch, der sich nicht nur seine eigene Erleuchtung, sondern die aller Lebewesen zum Ziel gesetzt hat; darin unterscheidet er sich von einem Arhat.

[5] *Tathāgata* (Sanskrit): Buddha, Geistessenz, Ewige Gegenwart.

»Jede Stunde des Tages und der Nacht will ich leben, wie die Buddhas und die Patriarchen lebten« – der Buddhismus bemüht sich nicht um Anhänger. Wenn du, auf welche Art auch immer, berühmt werden möchtest, dann strebe dein Ziel direkt an und verstecke dich nicht hinter dem Deckmantel »Buddhist«. »Ihr Weg ist nicht übertragbar...« – lebe das Leben und du wirst verstehen. Wenn es im Zen heißt, »Das Dharma wurde vom Meister auf den Schüler übertragen«, dann bedeutet das, daß der Schüler die Erleuchtung selbst erfahren hat und dadurch »das Licht des Dharma erhalten hat«.

»Ich werde mir keine weiteren Gedanken über meine Umgebung machen« – versuche nicht, dich an Vergnügungen festzuklammern. Das ist genauso sinnlos wie der Versuch, den Sonnenschein in einer Schachtel einzufangen. Halte deine Tränen nicht zurück. Es hilft dir nichts zu fragen, warum du traurig bist. Verliere dich nicht in Gedanken. Alles ist vergänglich, deine Freude genauso wie deine Sorge; nachträglich noch lange darüber nachzudenken verursacht nichts als Leiden.

Bambusschatten kehren die Stufen,
aber kein Staub wird aufgewirbelt.
Das Mondlicht scheint bis auf den Grund des Teichs,
Im Wasser aber bleibt keine Spur.

Leere
Dieser im Buddhismus vielverwendete Begriff hat im Westen viele Mißverständnisse hervorgerufen. Wenn ein Buddhist von Leere spricht, dann meint er damit nicht das Gegenteil von Fülle, sondern vielmehr diesen bedingungslosen Zustand, in welchem nichts gegeben und nichts empfangen wird. Da er sich nicht mit Worten ausdrücken läßt, kann er nur angedeutet oder mit dem Begriff »Leere« umschrieben werden.

Einige Schüler sind in ihrer Meditation so weit fortgeschritten, daß sie ihren Geist »leeren« können, sobald sie aber in die Routine ihres Alltags zurückkehren, sind sie so unausgeglichen wie zuvor. In Wirklichkeit verharren sie in einem Geisteszustand, in welchem sie erkennen, daß nichts existiert, ohne jedoch zu begreifen, daß dies an sich ein konkreter, beschränkter Zustand ist, der wenig mit der »Leere« des Buddhismus zu tun hat.

Wahre Leere kann weder eingeschlossen noch ausgeschlossen werden. Wenn du beim Einatmen und Ausatmen mitzählst, werden störende Gedanken nach und nach verschwinden, ohne eine Spur zu hinterlassen. Meditation? Leere? Erleuchtung? Buddha? Lasse sie alle zurück. Dein tägliches Leben wird ruhig und friedlich werden, und du wirst weniger ängstlich und besorgt sein. Du wirst mit einem Blick dein wahres Selbst erkennen.

Karma
Karma ist ein Sanskrit-Wort (im Nominativ), das vom Verb *Kar* abstammt, was soviel wie »tun« bedeutet; die Akkusativ-Form davon ist *Karman*. *Kamma* und *Kamman* sind die entsprechenden Ausdrücke in Pali. Alle Zustände und Bedingungen in diesem Leben sind das direkte Ergebnis von vorangegangenen Taten, und jede Handlung in der Gegenwart bestimmt das Schicksal in der Zukunft. Das Leben ist die Entfaltung von Karman, die endlose Folge von Ursache und Wirkung.

Im *Dhammapada* sagt Buddha: »Alles, was ist, ist das Ergebnis von Gedanken, beruht auf Gedanken, besteht aus Gedanken. Wenn jemand aus einem bösen Gedanken heraus spricht oder handelt, wird Schmerz ihn verfolgen, so wie das Rad des Wagens dem Fuß des Ochsen folgt, der ihn zieht. Alles, was ist, ist das Ergebnis von Gedanken, beruht auf Gedanken, besteht aus Gedanken. Wenn jemand aus einem guten Gedanken heraus spricht oder handelt, wird das Glück ihn begleiten wie ein Schatten, der ihn niemals verläßt.«

Der Buddhismus lehrt den Weg zur Befreiung und Erleuchtung, aber niemals hat Gautama Buddha behauptet, daß dieser Weg einfach oder leicht wäre. Bevor er seine eigene Erleuchtung erlangte, hatte er mit den größten Schwierigkeiten zu kämpfen. Wir alle haben einen Hang zur Bequemlichkeit und eine Vorliebe für das Schöne im Leben; wollen wir aber den Pfad nach oben einschlagen, müssen wir uns sehr bemühen. Um unseren Wunsch nach Vervollkommnung zu verwirklichen, braucht es viel Selbstdisziplin. Die Befreiung erlangt man nicht durch Gebete, den Glauben oder die Einweihung in Geheimorden und Mysterien, sondern indem man ein ehrliches, würdiges Leben führt. Die Läuterung wird erlangt durch Vermeidung des Bösen aus Respekt vor dem Leben und indem man sich jedes Gedankens, jedes Wortes und jeder Handlung bewußt ist. Das Leben respektieren heißt, die gewöhnlichen Tugenden zu praktizieren, ehrlich zu sein, rein zu leben und zu denken, gerecht und freundlich zu sein, andere zu respektieren, in Frieden mit ihnen zu leben und gegen die Unwissenheit anzukämpfen.

Buddha ist ein Geisteszustand, der Zustand geistiger und moralischer Vervollkommnung, und bedeutet Erleuchtung. Jemand, der wirklich erleuchtet ist, ist ein Buddha. Buddha Shākyamuni[6] erlangte durch seine eigenen Bemühungen die Buddhaschaft und verkündete, daß dies für jeden möglich sei. Du mußt den inneren Schatz durch deine eigenen Anstrengungen finden.

Bodhidharma sagte einmal: »Um den Buddha zu finden, mußt du in deine eigene Natur hineinsehen. Diese Natur *ist* der

---

[6] Buddha Shākyamuni: »Der Weise aus dem Geschlecht der Shākyas«; häufig verwendete Bezeichnung für Gautama Buddha.

Buddha. Wenn du deine eigene Natur nicht gesehen hast, was nützt es dann, an Buddha zu denken, Sutras zu rezitieren, zu fasten oder die Gebote zu befolgen? An den Buddha zu denken ist eine verdienstvolle Tat und wird Früchte tragen. Durch das Rezitieren der Sutras schulst du deinen Verstand. Das Einhalten der Gebote führt vielleicht zu einer Wiedergeburt in einem Himmel, und für deine Nächstenliebe wirst du vielleicht großzügig belohnt werden. Dem Buddha kommst du dadurch aber nicht näher.«

Die Praxis der Meditation
Die Wahrheit ist perfekt und in sich vollkommen. Sie ist nicht etwas, das eben erst entdeckt wurde; es hat sie immer schon gegeben.

Die Wahrheit ist nicht weit entfernt; sie ist immer nah.

Folge nicht den Gedanken anderer, sondern lerne, auf deine eigene innere Stimme zu hören. Dein Körper und dein Geist werden zu einer Einheit, und du wirst das Einssein allen Lebens erkennen.

Selbst die zarteste Regung des dualistischen Gedankens wird dir den Weg zum *Samādhi,* dem »Palast der Meditation«, versperren.

Diejenigen, die viel über Erleuchtung reden, befinden sich meistens noch vor dem Tor des Palastes der Meditation und werden noch einige Schwierigkeiten haben, bevor sie ihn betreten können.

Buddha Shākyamuni meditierte sechs Jahre und Bodhidharma neun Jahre lang. Die Meditationspraxis ist keine Methode zur Erlangung der Erkenntnis, sondern ist selbst Erleuchtung.

Das Erforschen der Bücher, Wort für Wort, kann dich bis in die Tiefen der erkennbaren Welt führen, damit erfährst du aber nicht dein wahres Selbst.

Wenn du dich von sämtlichen Vorstellungen über Geist und Körper gelöst hast, wirst du dein ursprüngliches Wesen klar erkennen. Zen ist nichts anderes als die Verwirklichung der Wahrheit. Das Verlangen, das uns zum Handeln veranlaßt, ist keineswegs die richtige Einstellung zum Zen.

Um den Segen der Meditation zu erfahren, solltest du die Praxis mit einer reinen Motivation und einer unerschütterlichen Zielstrebigkeit beginnen. Der Raum, in dem du meditierst, soll sauber und ruhig sein. Halte beim Essen und Trinken Maß. Vermeide jeden Lärm und jede Störung. Verweile nicht in Gedanken an Gut und Böse. Entspanne dich und vergiß, daß du meditierst. Begehre nicht, ein Buddha zu werden, sonst wirst du nie einer.

Lege ein großes Kissen auf deinen Stuhl[7] und setze dich so bequem wie möglich hin. Trage keine enge Bekleidung und zieh dir die Schuhe aus, aber behalte deine Füße warm.

Lege deine rechte Hand mit der Handfläche nach oben in den Schoß, lege die Finger der linken mit der Handfläche nach oben darauf, daß sich die beiden Daumenspitzen berühren. Halte deinen Körper aufrecht, ohne nach links oder nach rechts zu lehnen. Neige dich weder nach vorne noch nach hinten. Die beiden Seiten des Kopfes sollten im rechten Winkel zu den Schultern und die Nase in einer senkrechten Linie zum Nabel stehen. Die Zunge liegt am Gaumen, und Zähne und Lippen bleiben geschlossen. Halte die Augen leicht geöffnet und atme durch die Nase.

Bevor du mit der Meditation beginnst, bewege den Körper einige Male nach rechts und nach links und mache ein paar lange, tiefe Atemzüge. Halte deinen Körper aufrecht und atme

---

[7] Nyogen Senzaki empfahl seinen Schülern, in der ihnen gewohnten Weise zu sitzen. Inzwischen ist es durchaus üblich, nach östlichem Vorbild auf einem Kissen am Boden zu meditieren. Anm. d. Übers.

wieder normal. Es werden viele Gedanken in dir auftauchen ...ignoriere sie, bis sie von allein wieder verschwinden. Laß nicht zu, daß dein Geist in Negativität verfällt. Denke das, was du nicht denken kannst – in anderen Worten: denke nichts. So soll man im Zen meditieren.

Zen-Meditation ist keine Körperkultur, auch nicht eine Methode, um etwas Materielles zu erlangen. Sie ist Frieden und Glückseligkeit. Sie ist die Verwirklichung des Buddha-Dharma[8], der höchsten Wahrheit der universalen Einheit.

In deiner Meditation bist du selbst der Spiegel, der die Lösung zu deinen Problemen reflektiert. Der menschliche Geist ist im Rahmen seiner wahren Natur absolut frei. Du erlangst die Befreiung auf intuitivem Weg. Versuch es nicht mit deinem Willen, sondern laß zu, daß die Meditation selbst zu deiner Befreiung wird.

Wenn du die Meditation beenden willst, stehe langsam auf. Meditiere so am Morgen, am Abend oder wann immer du Zeit hast. Du wirst schon bald merken, daß deine seelischen Belastungen eine nach der anderen von dir abfallen, und daß du eine intuitive Kraft entwickelst, die du bisher gar nicht in dir vermutet hättest. Glaube nicht, daß die Weisen nicht zu meditieren brauchen. Weise sollten sich genauso Zeit dafür nehmen wie einfache Menschen. Beständiges Meditieren führt jeden zur Erfahrung der Wahrheit.

In asiatischen Ländern haben Tausende von Menschen die Zen-Meditation geübt und ihre Früchte geerntet. Zweifle nicht an ihren Möglichkeiten, nur weil die Methode so einfach ist. Wenn du die Wahrheit nicht in dir selbst finden kannst, wo willst du sie dann finden?

Das Leben ist kurz und niemand weiß, was der nächste Augenblick bringt. Schule deinen Geist, solange du die Mög-

---

[8] Buddha-Dharma (Sanskrit): im Zen, erleuchtete Weisheit.

lichkeit dazu hast und entdecke dabei die Schätze der Weisheit. Diese laß dann auch anderen zuteil werden und mache sie dabei glücklich. Nach Dōgen (1200–1253)

Jeder von uns sollte versuchen, Herr über seinen Geist und seinen Körper zu sein, seine Umgebung friedlich zu beeinflussen, ein reines und selbstloses Leben zu führen und Menschen und Tieren gegenüber freundlich und hilfsbereit zu sein. Das sind unsere wichtigsten täglichen Aufgaben.

Der Zen-Buddhismus ist der Träger des *Buddha-Hrydaya*, des hellen Glanzes der Erleuchtung, der höchsten und grundlegendsten aller Lehren. Diese Erleuchtung läßt sich nicht nur in abgeschiedenen Tempeln in den Bergen finden. Sie geht über sämtliche Kulturen und Religionen, über Raum, Zeit und Leben hinaus. Diese Lehre ist in einer geschäftigen Stadt genauso anwendbar wie in einem ruhigen Vorort.

Was den Ort betrifft, wo man meditiert, sowie die Voraussetzungen, um die Praxis auch auf Dauer fortführen zu können, gibt es zehn grundlegende Regeln:

1. Der Ort soll sauber und ruhig sein.
2. Die Temperatur soll das ganze Jahr hindurch angenehm sein.
3. Der Ort soll gut durchlüftet sein.
4. Anfänger sollen nicht meditieren, wenn das Wetter zu warm oder zu kalt ist.
5. Der Ort soll weder zu dunkel noch zu hell sein.
6. Er soll keinen Ausblick haben, der einen ablenken könnte.
7. Anfänger sollten weder mit berühmten noch mit streitsüchtigen Menschen Umgang pflegen.

8. Jede Art von Wettbewerb soll vermieden werden.
9. Anfänger sollen Gefahrensituationen wie Brände, Stürme, Überschwemmungen sowie den Umgang mit Kriminellen meiden.
10. Anfänger sollten nicht am Meeresstrand oder in der Nähe von Vergnügungsorten meditieren.

Es gibt auch zehn Regeln bezüglich der eigenen physischen Verfassung, die man als Anfänger im Meditieren berücksichtigen soll:

1. Achte darauf, daß dein Magen weder voll noch ganz leer ist.
2. Trage bequeme und saubere Kleidung.
3. Gewöhne dich an einen regelmäßigen Schlaf.
4. Widme einen Teil deiner Freizeit der Meditation.
5. Verbringe deine Zeit nicht mit dem Schreiben von Gedichten oder Aufsätzen über Zen.
6. Meditiere nicht gleich nach dem Essen.
7. Meditiere nicht, wenn du nervös bist.
8. Ziehe beim Meditieren die Schuhe aus.
9. Bade täglich.
10. Da ein gesunder Körper eine gesunde Meditation ermöglicht, achte auf deine Gesundheit.

Es gibt auch zehn Dinge, die du über deinen Geist wissen solltest, wenn du meditieren lernst:

1. Denke weder »gut« noch »schlecht«, weder »richtig« noch »falsch«.

2. Denke nicht an die Vergangenheit und auch nicht an die Zukunft. Während der Meditation sollte der gegenwärtige Augenblick dein ganzes Universum enthalten.
3. Sei nicht zu ehrgeizig in deinem Streben nach Erleuchtung. Wünsche nicht, ein Buddha zu werden.
4. Denke vor und nach der Meditation an *Anicca*, Vergänglichkeit, und an *Anatta*, die Unmöglichkeit, ein unvergängliches Selbst in deinem Körper oder in deinem Geist feststellen zu können.
5. Halte nicht an Subjektivität fest. Halte nicht an Objektivität fest. Nicht-Denken und Nicht-Haften läutern den Geist.
6. Rezitiere vor und nach der Meditation die vier Gelübde eines Bodhisattva[9].
7. Wenn deine Gedanken zu wandern beginnen, umklammere deine Hände oder konzentriere dich auf deine Nasenspitze. Wenn dein Bewußtsein im Unterleib ruht, kommt es meist gar nicht vor, daß die Gedanken abschweifen.
8. Wenn dir beim Meditieren schwindlig wird, konzentriere dich auf deine Stirn.
9. Solltest du Übelkeit verspüren, konzentriere dich auf deine Zehen. (Überhaupt sollen sich Zen-Schüler beim Gehen ihrer Füße bewußt sein.)

---

[9] Die vier Gelübde eines Bodhisattva:
Die Lebewesen sind zahllos, ich gelobe, sie alle zur Befreiung zu führen.
Die Täuschungen sind unerschöpflich, ich gelobe, sie alle zu überwinden.
Die Dharma-Lehren sind unermeßlich, ich gelobe, sie alle zu meistern.
Buddhas Weg ist unendlich, ich gelobe, ihn zu Ende zu gehen.

10. Ohne etwas im Geist herumzudrehen oder festzuhalten, ohne sich an eine positive oder eine negative Vorstellung zu klammern, schreite Schritt für Schritt voran in deiner Meditation, bis du den Ton der einen Hand hörst.

Auszüge davon stammen
von Keizan (1268–1325)

Als Jōshū, ein alter Zen-Meister, einmal zu seinen Schülern über Meditation sprach, sagte er: »Wenn ihr meine Anweisungen befolgt und die Erleuchtung nicht erlangt, dann könnt ihr mir den Kopf abschlagen.«

Wenn du meditierst, sollst du nichts vor dir und nichts hinter dir haben. Lösche deine Erinnerungen an die Vergangenheit; vergesse deine Hoffnungen für die Zukunft. In diesem Augenblick gibt es weder Zeit noch Raum – nur das ewige Hier und Jetzt. Im Zen nennt man diesen Geisteszustand »Augenblick des Großen Todes«. Fürchte dich nicht vor diesem Zustand in der Meditation. Zwing dich auch nicht, ihn zu erreichen; meditiere fleißig, indem du entweder deinen Atem zählst oder dich auf dein Kōan konzentrierst, und du wirst von alleine dorthin gelangen, ohne es überhaupt zu merken. Das ist das »Torlose Tor« des Zen. Bevor du nicht durch dieses Tor hindurchgeschritten bist, kannst du Zen nicht betreten, aber wenn du es einmal durchschritten hast, wirst du sehen, daß es nie existiert hat.

Ein Mönch ging einmal zu einem Meister, um sich unterweisen zu lassen. Der Meister sagte: »Wenn ich beide Hände zusammenklatsche, hörst du einen Ton. Was ist der Ton *einer* Hand?« Obwohl sich der Mönch sehr bemühte, konnte er das Kōan nicht lösen. »Du strengst dich nicht genügend an!« sagte der Meister. »Du hängst an Speise, Schlaf, Rang und Namen.«

Als der Mönch das nächste Mal vor den Meister trat, fiel er vornüber, als ob er tot wäre. »Du bist also tot, schön und gut, aber wie ist das mit dem Ton der einen Hand?« bemerkte der Meister. Der Mönch schielte vom Boden zum Meister hinauf und sagte: »Ich habe die Antwort noch nicht gefunden.« »Tote erzählen keine Geschichten! Verschwinde, du Halunke!« rief der Meister. Dieser Mönch hatte immer nur seinen Meister im Kopf.

Statt etwas zu suchen, das du deinem Wesen hinzufügen könntest, befreie dich von allen unnützen Vorstellungen, Vorurteilen, allem Stolz und den hundert anderen Dingen, die dich einschränken. Selbst dein Wunsch nach Erleuchtung wird ein Hindernis sein. Mach einfach Schritt für Schritt weiter mit der Meditation, ohne an »gut« oder »schlecht«, an Erfolg oder Mißerfolg zu denken. »Verweile nicht, wo der Buddha ist, und wo der Buddha nicht ist, geh schnell weiter!«

Nan-in, ein Meister der Meiji-Zeit (1868–1912), empfing einen Universitätsprofessor, der etwas über Zen erfahren wollte.

Nan-in servierte Tee. Er goß die Tasse seines Besuchers voll und hörte nicht auf weiterzugießen.

Der Professor beobachtete das Überlaufen, bis er sich nicht mehr beherrschen konnte. »Es ist übervoll. Mehr geht nicht hinein!«

»So wie diese Tasse«, sagte Nan-in, »sind auch Sie voll mit Ihren eigenen Meinungen und Theorien. Wie kann ich Ihnen Zen zeigen, bevor sie Ihre Tasse gelehrt haben?«[10]

---

[10] Nyogen Senzaki / Paul Reps, *101 Zen Stories,* Philadelphia 1940, keine Seitenangabe. Deutsch: Paul Reps (Hrsg.), *Ohne Schweigen, ohne Worte,* Bern 1976, S. 21.

YŌKA DAISHI UND SEIN SHŌDŌKA

Yōka Daishi (chin.: Yung-chia Hsüan-chüeh) war einer der hervorragenden Schüler Enos (chin.: Hui-neng), des Sechsten Patriarchen des Zen. *Shōdōka* (»Das Lied der Erleuchtung«) ist eines der Werke über den Zen-Weg zur Erleuchtung, das Yōka Daishi hinterließ, als er 713 n. Chr. starb. Seine Lebensgeschichte ist in Enos Werk *Dankyō*, dem sogenannten *Plattform Sutra,* wiedergegeben:

Der Zen-Meister Genkaku von Yōka wurde als Sohn einer Tai-Familie im Staate Onshu geboren. Als Jugendlicher studierte er die Sutras und die *Shāstras*[1], und war vertraut mit den Lehren des *Shamatha*[2] und *Vipassanā*[3]. Durch die Lektüre des *Vimalakirti-Nirdesha-Sutras*[4] erfaßte er intuitiv das Geheimnis seines eigenen Geistes – mit anderen Worten: er begriff die Geistessenz.

Gensaku, ein Schüler des Sechsten Patriarchen, besuchte ihn und stellte im Laufe ihrer Unterredung fest, daß die Äußerungen seines Freundes mit den Aussprüchen der verschiedenen Patriarchen übereinstimmten. Daraufhin fragte er: »Darf ich wissen, welcher Meister dir das Dharma übertragen hat?«

»Ich hatte Lehrmeister, die mich unterwiesen, als ich die Sutras und *Shāstras* der *Vaipulya*-Sammlung[5] studierte«, antwortete Genkaku. »Durch das Lesen des *Vimalakirti-Nirdesha-Sutras* erkannte ich erst die Bedeutung des *Dhyāna*-Buddhis-

---

[1] *Shāstras* (Sanskrit): Kommentare zu den Sutras.
[2] *Shamatha* (Sanskrit): »Ruhiges Verweilen«.
[3] *Vipassanā* (Pali; Sanskrit: *Vipashyanā*): »Besondere Einsicht«, intuitives Erkennen (im Theravāda und in der Tendai-Schule gebräuchlicher Ausdruck).
[4] *Vimalakirti-Nirdesha-Sutra:* eines der bedeutenden Werke des Mahāyāna-Buddhismus.
[5] *Vaipulya:* Sammlung einiger der wichtigsten Sutras des Mahāyāna-Buddhismus.

mus⁶, doch bisher hat noch kein Meister meine Erfahrung überprüft und bestätigt.«

»Vor den Zeiten der frühen Buddhas«, äußerte Gensaku, »war es möglich, ohne die Hilfe eines Meisters auszukommen. Seitdem aber wird einer, der ohne Unterstützung und Bestätigung eines Meisters die Erleuchtung erlangt, als Ketzer betrachtet.«

»Wärst du also bereit, meine Erleuchtung zu bezeugen?« fragte Genkaku.

»Meine Worte zählen nichts«, erwiderte der Freund, »in Sokei aber lebt der Sechste Patriarch. Aus allen Teilen des Landes kommen die Menschen zu ihm, um das Dharma übermittelt zu bekommen. Wenn du dorthin möchtest, will ich dich gerne begleiten.«

Als sie Sokei erreichten, um beim Patriarchen vorzusprechen, ging Genkaku dreimal um ihn herum und blieb dann stehen, ohne sich vor ihm zu verbeugen.

Der Patriarch bemerkte seine Unhöflichkeit und sagte: »Ein buddhistischer Mönch verkörpert dreitausend Moralvorschriften und achtzigtausend Nebenregeln. Ich frage mich, wo du herkommst und warum du so eingebildet bist.«

»Da das Problem der unaufhörlichen Wiedergeburt ein sehr wichtiges ist und jeden Augenblick der Tod eintreten kann, will ich keine Zeit mit Förmlichkeiten verlieren. Ich möchte, daß Sie mir eine rasche Antwort auf diese Frage geben.«

»Warum begreifst du nicht das Prinzip der Geburtlosigkeit und löst dadurch das Problem der Vergänglichkeit des Lebens?« erwiderte der Patriarch scharf.

»Die wahre Natur des Geistes zu begreifen heißt, frei von Wiedergeburt zu sein«, antwortete Genkaku. »Damit erübrigt sich doch die Frage nach der Vergänglichkeit des Lebens.«

---

⁶ *Dhyāna*-Buddhismus: Vorgänger des Zen-Buddhismus in China.

»So ist es, so ist es!« pflichtete ihm der Patriarch bei.

Da verbeugte sich Genkaku, wie man dies beim Abschied zu tun pflegt.

»Du hast es aber eilig, von hier fortzukommen, nicht wahr«, sagte der Patriarch.

»Wie kann es ›Eile‹ geben, wenn es an sich keine Bewegung gibt?« entgegnete Genkaku.

»Wer ist es, der da sagt, es gäbe keine Bewegung?« fragte der Patriarch.

»Ich hoffe, du willst jetzt nicht auf Einzelheiten eingehen«, erwiderte Genkaku.

Der Patriarch lobte ihn für sein tiefes Verständnis der Vorstellung der Geburtlosigkeit, aber Genkaku widersprach: »Ist in der Geburtlosigkeit auch noch eine Vorstellung vorhanden?«

»Wer kann ohne Vorstellung auf Einzelheiten eingehen?« fragte der Patriarch.

»Das, was auf die Einzelheiten eingeht, ist keine Vorstellung«, erwiderte Genkaku.

»Gut gesagt!« rief der Patriarch. Daraufhin bat er Genkaku, seine Abreise zu verzögern und wenigstens für eine Nacht im Kloster zu bleiben. Von da an war Genkaku unter seinen Zeitgenossen bekannt als »der Meister, der eine Nacht beim Patriarchen blieb«.

Schüler des Zen in China, Korea und Japan kennen das ganze *Shōdōka* auswendig und werden oftmals bei seiner Rezitation inspiriert.

Was folgt ist Nyogen Senzakis freie Übersetzung von *Shōdōka* und basiert auf einer Kopie des Originaltextes, von dem auch die Stropheneinteilung übernommen wurde. Der Kommentar nach jeder Strophe ist Nyogen Senzakis eigene Anweisung an seine Schüler und soll dem Leser beim Verständnis und der Interpretation dieses Lehrgedichtes helfen.

SHŌDŌKA
Das Lied der Erleuchtung

Siehst du jenen Zen-Schüler dort? Er hat vergessen, was er gelernt hat, trotzdem übt er völlig natürlich und frei, was er gelernt hat, und auch, was er noch lernen soll.

Er lebt in Gelassenheit, ruhig und zufrieden. Er ist frei von allen Sorgen, trotzdem handelt er spontan und vernünftig.

Weder bemüht er sich, die Illusionen zu meiden noch die Wahrheit zu suchen. Er weiß, daß Illusionen unwirklich sind und daß er selbst die Wahrheit ist.

Für ihn ist das wahre Wesen der Unwissenheit Buddha-Natur und das wahre Wesen des vergänglichen Körpers *Dharmakāya*[1], der ewige Körper des Buddha.

Yokā Daishi bewundert und lobt diesen Zen-Schüler. Er erkennt in ihm einen Menschen, der über die Relativität von Gut und Böse hinausgegangen ist und weder Spuren seines Lernens noch Schatten seiner Taten hinterläßt. Er ist ein Weiser, der nicht wie ein Weiser aussieht, und ein Philosoph ohne den Geruch der Philosophie.

Wenn du dich beim Meditieren bemühst, müßige Gedanken oder Illusionen zu unterdrücken, kannst du den Zustand des *Samādhi* nie erreichen. Wer die Wahrheit anstrebt, wird

---

[1] *Dharmakāya* (Sanskrit): der »Körper der Großen Ordnung«, einer der drei Körper des Buddha; bezeichnet auch das wahre Wesen eines Menschen, den Ton der einen Hand, den ewigen Buddha.

hinter der Wahrheit zurückbleiben. Was für dich müßige Gedanken oder Illusionen sind, sind nichts als Wellen auf dem weiten Ozean der Buddha-Natur. So wie es unabhängig vom Wasser keine Wellen geben kann, gibt es keine Täuschung, keinen müßigen Gedanken, keine Unwissenheit getrennt von der Buddha-Natur.

Da unser Körper vergänglich ist, ist er auch leer und wesenlos. In Wirklichkeit gehört er uns nicht einmal. Dein Körper gehört nicht dir, und mein Körper gehört nicht mir.

> Wenn jemand eins wird mit dem *Dharmakāya,* gibt es nichts mehr außerhalb von ihm.
> Er selbst ist die Quelle aller Dinge, und sein wahres Wesen ist eine andere Bezeichnung für den ewigen Buddha.
> Materielle Dinge und geistige Erscheinungen kommen und gehen wie Wolken am blauen Himmel.
> Gier, Zorn und Unwissenheit, diese drei Schäume, entstehen und vergehen wie eine Luftspiegelung auf dem Ozean.

Solange jemand den Dharma-Körper noch als solchen wahrnimmt – ganz gleich, wie schön er ihn definiert oder beschreibt –, steckt er noch immer im Dualismus. Aber sobald er eins geworden ist mit dem Dharma-Körper, existiert nichts anderes mehr. Er selbst ist der Dharma-Körper, nicht mehr und nicht weniger. Er ist die Quelle aller Dinge des Universums. Sein wahres Wesen ist der ewige Buddha, der nie geboren wurde und nie sterben wird.

Gier, Zorn und Unwissenheit sind die drei Gifte, die dem guten Charakter eines Menschen schaden.

Ein tibetischer Buddhist schrieb einmal: »Gier, Zorn und Unwissenheit sind die drei Hindernisse auf dem Weg zur

Befreiung. Sie behindern uns in der Entwicklung der Einsicht, wie die Wurzeln der Quecke das Wachstum nützlicher Pflanzen behindern. Ob es auch in Ländern außerhalb Tibets Menschen gibt, welche die Wahrheit erfahren haben, weiß ich nicht. Ich weiß aber, daß es inmitten der gewaltigen Berge meiner Heimat Männer und Frauen gibt, die bezeugen können, in diesem Leben das höchste Ziel erreicht und die endgültige Befreiung erfahren zu haben. Man kann nicht verlangen, daß diese Erleuchteten mit den weltlichen Menschen leben, deren ernsthafteste Handlungen wie Kinderspiele erscheinen.«

Mit Zen hat eine solche Einstellung nichts zu tun! Zen-Schüler scheuen sich nicht vor den drei Giften, sondern sehen sie lediglich als eine vorübergehende Erscheinung. In Amerika hat es in der Vergangenheit Zen-Schüler gegeben, es gibt gegenwärtig welche und in Zukunft wird es noch viel mehr geben. Sie mischen sich ohne weiteres unter die sogenannten weltlichen Menschen, spielen mit Kindern, respektieren Könige und Bettler und gehen mit Gold und Silber um wie mit Kieselsteinen.

> Wer die Wahrheit begreift, täuscht sich nicht hinsichtlich seiner persönlichen Wünsche noch seiner selbstbegrenzten Vorstellungen.
> Er weiß, daß es das Ego als solches in ihm nicht gibt, und durchschaut ganz klar die Leere aller Formen, die nichts als Schatten sind in bezug auf die objektiven und subjektiven Elemente.
> Wenn du so im Zen lebst, kannst du die Hölle in deinen Träumen von gestern lassen und dir dein Paradies einrichten, wo immer du bist.
> Diejenigen ohne Erkenntnis, die mit ihrem falschen Wissen die Menschen betrügen, werden sich im eigenen Leben eine Hölle schaffen.

Zen beabsichtigt nichts als Erkenntnis oder Erleuchtung. Philosophen mögen Theorien über die Wirklichkeit entwickeln und sich dabei bis ans Ende der Logik durchdenken, aber keiner von ihnen wird je dorthin gelangen. Sich an die Logik zu halten und zu meinen, daß etwas existieren muß, ist eines, aber es zu erfahren ist etwas anderes. Wenn Zen verlangt, daß man den Ton der einen Hand hört, zählt die eigentliche Erfahrung und sonst nichts. Ein Schüler mag behaupten, irgend etwas sei die Wahrheit oder das Absolute. Aber solche Antworten sind Abstraktionen, die jeder Grundlage entbehren, leere Schatten grundloser Täuschungen. Warum sich nicht ganz in die Meditation vertiefen, bis man die Geistessenz erfährt? Mit dieser ehrlichen, harten Arbeit gelangt man zur Wahrheit.

Hat einer die Wirklichkeit begriffen, erkennt er die Wahrheit aller Lebewesen. Der Beweis steckt in seiner Einstellung gegenüber dem Ich und den ichbezogenen Vorstellungen. Er weiß dann, daß es kein Ego gibt, daß alle Formen der Objektivität leer sind und nur auf einer relativen Ebene existieren. Ein Mensch kann, ethisch gesehen, frei sein von Egoismus und sich für selbstlos halten bezüglich seiner materiellen Ansprüche, wenn er aber nicht auf die Meinung anderer hören kann und darauf besteht, seine Ansichten der ganzen Welt aufzuzwingen, ist er noch immer ein egoistisches Ungeheuer.

Die Zen-Erleuchtung muß sich zweifach zeigen: in der Ablehnung eines selbständigen Ichs und in der Einsicht, daß alle Formen der Objektivität leer sind. In einem Kōan sagt ein Mönch: »Die Fahne bewegt sich.« Ein anderer erwidert: »Der Wind bewegt sich.« Der erste haftet an der Wesenheit der Fahne. Der zweite sieht die Sache weniger eng, hat aber auch kein Verständnis der wahren Leere. Der Sechste Patriarch antwortet ihnen: »Die Fahne bewegt sich nicht. Der Wind bewegt sich nicht. Der Geist bewegt sich.« Wenn du meinst, der Patriarch verstehe unter »Geist« ein psychologisches Phänomen, dann bist du in deinen begrenzten Vorstellungen gefangen.

Als Yōka Daishi sagte, »Wenn du so im Zen lebst, kannst du die Hölle in deinen Träumen von gestern lassen und dir dein Paradies einrichten, wo immer du bist«, meinte er damit nicht, daß das Gesetz von Ursache und Wirkung auf erleuchtete Menschen nicht mehr zutrifft. Jeder schafft sich seine eigene Hölle, in der er leidet, und niemand kann ihn herausholen außer er selbst.

Es gibt Vertreter der verschiedensten Religionen, die den Leuten die Vorstellung verkaufen wollen, daß ihre Sünden von anderen ausgelöscht werden können. Das geschah in Yōka Daishis Tagen genauso wie heute. Daher warnt er solche »Hausierer«, sich vor den eigenen Märchen in acht zu nehmen. Diejenigen, die Unwahrheiten verkünden, schaffen eine Hölle hier und jetzt.

> Im selben Augenblick, in dem du Buddhas Zen erlangst,
> Sind die sechs Vollkommenheiten und zehntausend gute Taten bereits in dir verwirklicht.
> In deinen Träumen gibt es sechs Pfade,
> Sobald du aber erwachst, lösen sie sich auf in nichts.

Die erste Übertragung von Buddhas Zen erfolgte direkt, von Herz zu Herz, an Mahākāshyapa[2]. In den Sutras gibt es keine Erwähnung dieser inneren Lehre, aber jemand, der in seiner Meditation gereift ist, nimmt an derselben Wahrheit teil. Aus diesem Grund bleibt Zen in der mensch-

---

[2] Mahākāshyapa, einer der Schüler des Buddha und der erste, auf den das Licht des Zen übertragen wurde. Von ihm aus gibt es eine direkte Übertragungslinie zu Bodhidharma und zu den weiteren Patriarchen.

lichen Erfahrung lebendig und ist nicht an irgendwelche Schriften oder an die Lehren einer bestimmten Schule gebunden. Yōka Daishi nennt Zen in diesem Lehrgedicht *Tathāgata-Dhyāna*[3]. Spätere chinesische Meister nannten Zen das »*Dhyāna* der Patriarchen«. Ein Name ist aber nichts als ein Zeichen, welches nie die Sache selbst sein kann, für welche es steht. Es kann sein, daß man hier in Zukunft einen anderen Namen für die Erleuchtungserfahrung wählen wird. Was ich über Zen sage, ist meine eigene Aussage, du kannst dich darüber erst aussprechen, wenn du selbst die Erfahrung gemacht hast.

Welches sind die sechs Vollkommenheiten (*Pāramitās*)? Darunter versteht man *Dāna* (die Freigebigkeit), *Shīla* (die Sittlichkeit), *Kshānti* (die Geduld), *Vīrya* (die Entschlossenheit), *Dhyāna* (die Meditation) und *Prajñā (die Weisheit)*.

Welches sind die sechs Pfade? Diese sind die Pfade der *Naraka* (Höllenwesen), der *Preta* (hungrigen Geister), der *Tiryagyoni* (Tiere), der *Asuras* (Dämonen), der *Manushya* (Menschen) und der *Devas* (göttlichen Wesen).

Viele Menschen halten diese Existenzebenen für wirklich, für den Zen-Schüler sind sie aber nichts als Schatten dualistischen Denkens, die sich im Licht der Erleuchtung auflösen.

Keine Sünde, kein Glück, kein Gewinn, kein Verlust.
Diese Dinge suchst du umsonst in der Geistessenz.
Du hast schon lange nicht mehr deinen Spiegel vom Staub befreit,
Der Augenblick ist gekommen, seinen Glanz klar zu erkennen.

---

[3] *Tathāgata-Dhyāna* (Sanskrit): erleuchtete Meditation.

Kein ernsthafter Geist kann in der althergebrachten Weise über Sünde und Seligkeit sprechen. Die Verwirklichung löscht diese Vorstellung völlig aus. Das sind für einen Zen-Schüler nur müßige Vorstellungen.

In seinem *Zazen Wasan,* dem »Lobgesang des Zazen«, sagt Hakuin:

> »Ihr seid von allem Anfang an Buddha. So wie es kein Eis gibt ohne Wasser, gibt es keinen Menschen ohne Buddha. Obwohl sie die Wahrheit immer in sich tragen, bemerken die Menschen sie nicht und suchen sie in weiter Ferne. Sie leiden an Durst und sehen den Brunnen in ihrer Nähe nicht. Sie leben in Armut und vergessen, daß sie Erben eines unermeßlichen Schatzes sind. Ihr sagt, daß ihr leidet. Ihr leidet nur, weil ihr so unwissend seid. Erwacht aus eurem unwissenden Traum! Die Fehler der Vergangenheit werden euch nicht länger quälen. Wo ist die Hölle? Ihr habt sie im Traum von gestern gelassen. Wo ist das Paradies? Ihr seid schon mittendrin.«

Deine Geistessenz ist von allem Anfang an leuchtend hell. Der Tag ist gekommen, sie klar zu sehen. Dies ist der Augenblick, mit deiner Arbeit zu beginnen.

> Wer denkt Nicht-Denken und wer erkennt die Nicht-Existenz?
> Wenn es wirklich die Nicht-Existenz ist, kannst du nicht daran denken.
> Frag einen Roboter, ob er glücklich sei oder nicht.
> Solange du danach strebst, ein Buddha zu werden,
> Ganz gleich, wie sehr du dich auch darum bemühst,
> wirst du nie einer werden.

Wenn dir diese Zeilen schwierig vorkommen, dann erinnere dich daran, daß Zen zwar erfahren, aber nicht erklärt werden kann. Vielleicht hast du in deiner Meditation bereits Nicht-Denken erlebt. In einem solchen Augenblick wird der Spiegel deines Geistes so gründlich gesäubert, daß nicht einmal die Spur eines Glanzes zurückbleibt. Aber nehmen wir an, du hörst einen Hund bellen. Du stellst dir einen rennenden Hund vor – du denkst an deinen eigenen Hund. Schon zieht ein Gedanke nach dem anderen an deiner Nase vorbei. Du kannst den Hund nicht für sein Bellen verantwortlich machen und ebensowenig deine Ohren, daß sie es gehört haben. Aber was denkst du lange darüber nach? Wenn du jedoch denkst, du trittst in *Samādhi* ein, dann hast du es bereits verlassen. Wenn du deinen Atem zählst, zähle nur den Atem. Wenn du mit einem Kōan meditierst, gehe ganz darin auf. In der Meditation übt man, sich dem jeweiligen Gegenstand der Meditation voll zu widmen. So mache auch im täglichen Leben ausschließlich eine Sache, ohne dich lange in Gedanken darüber zu verlieren.

Yōka Daishi sagt: »Frag einen Roboter, ob er glücklich sei oder nicht.« Ich höre dich schon fragen: »Werde ich im Zen gezwungen, zu einem Roboter zu werden?« Willst du leiden, indem du deinen Geist mit Illusionen anfüllst? Weißt du nichts von der Freude, den Gedanken genügend Raum zu geben, so daß sie sich entfalten und wachsen können? Ein Zen-Schüler hat mehr Zeit, das Leben zu genießen, weil er sich erlaubt, ausschließlich eine Sache zu denken oder zu tun, und er den Fluß der inneren Weisheit nicht mit dem Müll der Täuschungen blockiert.

»Solange du danach strebst, ein Buddha zu werden, ganz gleich, wie sehr du dich auch darum bemühst, wirst du nie einer werden.« Wenn du ihn nicht dort finden kannst, wo du gerade stehst, wo willst du dann hin, um ihn zu finden?

Hafte nicht an den vier Elementen.
Iß und trink, wie es deiner wahren Natur entspricht.
Die Dinge sind vergänglich; deshalb sind sie leer.
Das ist Buddhas Erleuchtungserfahrung.

Der Buddhismus sieht Körper und Geist nicht als zwei verschiedene Dinge. Wenn von den vier Elementen die Rede ist – Erde, Wasser, Feuer und Luft –, dann versteht man darunter nicht nur die Elemente der gegenständlichen Welt, sondern auch vier verschiedene Geisteszustände. Auf Pali heißen diese vier Elemente *Pathavi* (das Feste), *Apo* (das Flüssige), *Tejo* (das Erhitzende) und *Vayu* (das Bewegende). Zen hält nicht an diesen Elementen fest, sondern lebt in der Geistessenz und läßt Geist und Körper hinter sich. Ein Zen-Schüler »ißt und trinkt«, in anderen Worten: er lebt sein tägliches Leben, wie es seinem wahren Wesen entspricht.

Um die dritte und vierte Zeile des Lehrgedichts zu veranschaulichen, untersuchen wir doch Tosotsus Kōan aus dem *Mumonkan*, dem *Torlosen Tor*: »Erstens, das Ziel des Zen-Studiums besteht darin, die eigene wahre Natur zu erblicken. Wo ist eure wahre Natur in diesem Augenblick? Zweitens, hat einer einmal seine wahre Natur erkannt, wird er frei von Geburt und Tod. Wenn ihr aber die Augen verschließt und zu einer Leiche werdet, wie könnt ihr euch dann befreien? Drittens, wenn ihr euch von Geburt und Tod befreit habt, sollt ihr wissen, wo ihr seid. Wo seid ihr also, wenn sich euer Körper in die vier Elemente auflöst?«

Denke mit deinem Geist und deinem Körper nicht an Gut oder Böse. Vergiß, daß du einen Geist und einen Körper hast. Laß den gegenwärtigen Augenblick dein einziges wirkliches Leben sein. Stört dich irgendein Gedanke, denk an die

Vergänglichkeit alles Irdischen. Sobald sich die Illusion eines eigenständigen Ichs auflöst, wird sich das Tor der echten Meditation öffnen. Mit leeren Händen und einem leeren Geist kannst du deinem wahren Selbst begegnen. Wer hat behauptet, daß es etwas wie Buddhas Erleuchtung gibt? Laß dir weder von Yōka Daishi noch sonst jemandem etwas vormachen! Geh der Sache selbst nach.

> Ein wahrer Schüler des Buddha spricht die höchste Wahrheit.
> Wenn du mit dem, was ich sage, nicht einverstanden bist, können wir ruhig darüber diskutieren.
> Erinnere dich aber daran, daß sich der Buddhismus mit der Wurzel der Wahrheit beschäftigt,
> Und nicht mit den Ästen und Blättern.

Was ist die höchste Wahrheit? Yōka Daishi behauptet, daß alle Dinge vergänglich und letztendlich leer sind; sobald man dies in seinem Innersten begreift, ist man erleuchtet. Theravāda-Buddhisten drücken die höchste Wahrheit mit den drei Pali-Begriffen *Anicca*, *Dukkha* und *Anatta* aus. *Anicca* bedeutet Vergänglichkeit – deines Geistes, deines Körpers und der Welt, in der du lebst. Man ist sich dessen nicht bewußt, und so klammert man sich an das, was einem gefällt. Dies können wir aber nicht festhalten, und so leiden wir; das nennt sich *Dukkha*. Das Leben ist ein ewiger Fluß. Wenn du nicht einmal deinen Geist und deinen Körper festhalten kannst, wie glaubst du dann, dich an andere Dinge klammern und sie festhalten zu können? *Anatta* bedeutet Nicht-Ich. Wenn du diese drei Merkmale verstehst, dann gelangst du zum wirklichen Ich, zu deinem wahren Selbst.

Im Mahāyāna-Buddhismus werden diese Grundcharakteristiken dadurch ausgedrückt, daß man von der Vergänglichkeit aller Dinge spricht, die Existenz einer persönlichen Seele negiert und die höchste Wirklichkeit (Nirvana[4]) anstrebt. Mit dem Ausspruch: »Wenn du mit dem, was ich sage, nicht einverstanden bist, können wir ruhig darüber diskutieren«, wollte Yōka Daishi nicht unbedingt den Anlaß für eine Diskussion schaffen. Man kann andere nicht durch Argumentation vom Zen überzeugen. Ganz gleich, wie logisch geschickt du es auch einfädelst, du wirst deinen Gegner nicht zur Erleuchtung führen, es sei denn, er öffne seine eigenen Augen und begreife. Vielleicht lassen sich seine Zweifel durch Argumente beseitigen, an die Wurzel muß er aber selbst gelangen.

> Die meisten Menschen erkennen das *Mani*-Juwel, den Edelstein der Weisheit, nicht.
> Er ist im geheimen Reich des *Tathāgata* verborgen, wo er darauf wartet, entdeckt zu werden.
> Die sechs Sinne und die sechs Welten sind miteinander verwoben und machen das Leben zu dem, was es ist.
> Als Ganzes gesehen ist es eine Illusion, doch gibt es nichts, was Illusion genannt werden könnte.
> Der vollkommene Glanz des *Mani*-Juwels, des Edelsteins der Weisheit, scheint auf die Menschheit.
> Es hat weder Farbe noch Form, noch hat es Nicht-Farbe oder Nicht-Form.

---

[4] Nirvana (Sanskrit; Pali: *Nibbāna*): im Mahāyāna-Buddhismus gleichbedeutend mit Erleuchtung, ist kein negativer Zustand, wie viele annehmen, auch kein Zustand der Nicht-Existenz außerhalb von *Samsāra*, dem Kreislauf von Geburt und Tod.

Das *Mani*-Juwel galt im alten Indien als der legendäre Edelstein, der seinem Besitzer alle Wünsche erfüllt. Buddhisten streben nach Wunschlosigkeit, schätzen Gelassenheit und Zufriedenheit; sie bemühen sich um höchste Weisheit und moralische Vervollkommnung. Yōka Daishi verwendet den Ausdruck »*Mani*-Juwel« sinnbildlich, wenn er sagt, man könne es »im geheimen Reich des *Tathāgata*« entdecken. *Tathāgata* hat aber nichts mit Zeit oder Raum zu tun.

Deine Augen schaffen die Welt der Farbe und Form, deine Ohren die Welt der Töne, deine Nase die Welt des Geruchs, deine Zunge die Welt des Geschmacks und dein Verstand die Welt der Gedanken. Die sechsfache Funktion zeigt sich in den zahllosen Spiegelungen des Mondes auf der Oberfläche eines Teichs, eines Sees oder des Meeres oder in den vielen Wellen, die auf dem einen großen Ozean steigen und fallen.

Alles entsteht im Kontakt zwischen subjektiven und objektiven Elementen, und wir erkennen und benennen es vom Standpunkt der Relativität aus. Auf diese Weise wirkt das *Mani*-Juwel, das du subjektiv dein wahres Selbst und objektiv Buddha-Natur nennst.

> Entfalte die fünf Sichtweisen und eigne dir die fünf Kräfte an.
> Das kannst du aber nur durch die Zen-Meditation, die über jegliche Theorie hinausgeht.
> Es ist nicht schwer, in einem Spiegel Bilder zu sehen.
> Unmöglich aber ist es, die Spiegelung des Mondes auf dem Wasser einzufangen.

Die fünf Sichtweisen sind die Sicht mit dem physischen Auge, dem kosmischen Auge, mit dem *Prajñā*-, dem Dharma- und dem Buddha-Auge. Die fünf Kräfte sind: Vertrauen, Energie, Gedächtnis, Meditation und Weisheit. Diese fünf Sichtweisen und Kräfte entfaltet man, indem man eins wird mit der Geistessenz. Dann erkennt man, daß sie Facetten desselben Edelsteins der Weisheit sind.

Jeder weiß, daß das physische Auge nur sieht, wenn Licht vorhanden ist, und auch dann noch vielen Einschränkungen unterliegt.

Die moderne Technik hat durch Teleskop und Mikroskop das kosmische Auge entwickelt und den Sehbereich in Dimensionen erweitert, die sonst unsichtbar blieben.

Das *Prajñā-* oder Weisheitsauge schaut ohne Begierde auf die Welt, und derjenige, der es besitzt, kann dualistische und verfängliche Gedanken vermeiden.

Das Dharma-Auge ist das Auge der höheren Weisheit in der Welt der Unterscheidungen. Ein Zen-Schüler, der ein fundiertes Wissen über die moderne Wissenschaft und Philosophie hat, der sich in den Religionen und Kulturen anderer Länder gut auskennt, so daß er Verständnis und Toleranz für die Lebensweise anderer Menschen aufbringt, sieht die Welt mit dem Dharma-Auge.

Das Buddha-Auge ist das vollkommene Auge. Wenn ein Schüler die Erleuchtung erlangt, sieht er die Welt voll und ganz in ihrer Wirklichkeit. Das Buddha-Auge ist das Auge des vollkommenen Mitgefühls und frei von jeder Täuschung.

Die fünf Kräfte erklären sich von selbst. Das Vertrauen ermöglicht es einem, fest auf dem Boden der Wahrheit zu stehen. Energie benötigt man, um den Weg nach oben weiterzugehen. Das Gedächtnis erweitert und vertieft unser Wissen. Durch die Meditation erlangen wir die Ruhe, welche die Quelle der fünften Kraft ist: *Prajñā,* die Weisheit der Befreiung.

Yōka Daishi spricht oft vom Spiegel. Jeder von uns besitzt einen solchen Spiegel, und wir können jederzeit darauf zurückgreifen. Es ist leicht, die Bilder zu erkennen, die darin erscheinen, sobald wir aber glauben, sie zu besitzen, lösen sie sich auf. Wer kann die Spiegelung des Mondes auf dem Wasser einfangen?

Die fünf Sichtweisen gehören zur Erleuchtungserfahrung im Zen, und die fünf Kräfte zeigen sich, wenn du Zen im täglichen Leben praktizierst. Das Geheimnis ist, jede Minute im Zen zu leben. Nimm auf, was du im Spiegel erblickst, wende es an und vergiß es wieder; es ist nur eine Erscheinung, die in Wirklichkeit substanzlos ist.

> Ein Schüler des Zen sollte stets alleine gehen.
> Diejenigen, die die Erleuchtung erlangt haben, gehen alle auf demselben Weg des Nirvana.
> Jeder von ihnen hat eine ganz natürliche Art und ist rein und zufrieden im Herzen.
> Da sich keiner von ihnen in besonderer Weise um Aufmerksamkeit bemüht, schenkt ihm niemand besondere Beachtung.

Im zehnten Psalm des Alten Testaments klagt König David: »Warum stehst du so ferne, oh Gott? Warum verbirgst du dich in Zeiten der Not?« Aber ganz gleich, wie sehr sich Gott König David auch näherte, sie wären noch immer zwei und nicht eins. Ein Zen-Schüler betet zu keinem Gott, befolgt keine orthodoxen Riten, lebt nicht in Erwartung eines zukünftigen Paradieses und hat auch keine Seele, um die sich jemand anders kümmern müßte. Er geht, unbelastet von dogmatischen und theologischen Annahmen, frei und ungezwungen seinen Weg. Er weiß: wenn er eine Situation meistert, dann steht er, wo immer dies sein mag, auf dem Boden der Wahrheit. Sein Studium des Zen und seine Meditation haben keinen anderen Zweck, als ihn in jeder Hinsicht zu befreien.

In der Geistessenz schreitet er allein voran. Wer nennt dies den Weg des Nirvana? Er hat keinen solchen Weg vor sich. Er geht, natürlich und gemessen, Schritt für Schritt weiter. Sein Herz ist rein, und er ist immer zufrieden. Er arbeitet hart, und das macht ihn stark. Er macht sich keine Sorgen um sein Äußeres, und so zieht er keine Aufmerksamkeit auf sich. So lebt er ruhig und unbeschwert unter den Menschen.

> Die Anhänger Buddhas sind für ihre Armut bekannt.
> Die Einfachheit ihrer Lebensart kann ärmlich genannt werden, nicht aber ihr Zen.
> Die alte und vielfach geflickte Robe des Mönchs zeigt der Welt seine Armut;
> Sein Zen, verborgen für andere, ist ein Schatz von unermeßlichem Wert.

Ein chinesischer Zen-Meister wurde einmal aufgefordert, den kostbarsten Schatz der Erde zu nennen. Er sagte, es sei der Kopf einer toten Katze. Als man ihn nach dem Grund für seine Antwort fragte, erwiderte er: »Weil niemand sagen kann, was er wert ist.« Wie würde es dir gefallen, der Kopf einer toten Katze zu sein? Zen-Schüler, Philosophen, Anhänger des Okkultismus, Metaphysiker, Theologen und Atheisten – das sind alles »laute, lebendige Katzen«, die ihren Preis klar und ersichtlich im Gesicht geschrieben tragen. Wer es mit seiner Wahrheitssuche ernst nimmt, kann seinen Wert nicht vorzeigen.

> Ganz gleich, wie oft man das Juwel der Weisheit auch anwendet, es verliert dadurch nichts von seinem kostbaren Wert.
> Man kann alle, die seiner bedürfen, daran teilhaben lassen.

Die drei Körper des Buddha und die vier Arten der
Weisheit sind vollkommen in ihm enthalten;
Die acht Befreiungen und sechs wundersamen
Kräfte sind tief in ihm eingeprägt.

Takuan, ein japanischer Zen-Meister, schrieb das folgende Gedicht, bestehend aus acht Schriftzeichen:

Nicht zweimal diesen Tag
Zoll Zeit Fuß Juwel

Frei übersetzt bedeuten diese Worte:

Dieser Tag wird nicht wiederkommen.
Jede Minute ist so kostbar wie ein Juwel.

Unter den drei Körpern des Buddha versteht man den Dharma-Körper, den Körper der Freude und den Körper der Verwandlung. Jeder von uns hat den Dharma-Körper. Durch die Erleuchtung erlangen wir den Körper der Freude, der im täglichen Umgang mit anderen zum Verwandlungskörper wird.

Die vier Arten der Weisheit sind die spiegelgleiche Weisheit, die Weisheit der Identität oder Wesensgleichheit, die Weisheit des klaren Erkennens von Beziehungen und die alle Werke vollendende Weisheit.

Die acht Befreiungen hingegen sind die Befreiung durch den Materialismus, durch den Idealismus, durch den Ästhetizismus, durch die Relativität, durch den Spiritualismus, durch die Hinayāna-Lehre, durch die Unterscheidung zwischen Hinayāna- und Mahāyāna-Lehre und schließlich durch *Prajñā-Pāramitā*, dem Verständnis der Leere in Mahāyāna.

Die sechs wundersamen Kräfte sind das Bewegen von Gegenständen auf Entfernung, das Wahrnehmen von menschlichen und göttlichen Stimmen, das Erkennen des Kreislaufs von Leben und Tod aller Wesen, die Erinnerung an frühere Existenzen, das Wahrnehmen der Gedanken anderer Wesen und das Erkennen des Erlöschens der eigenen Befleckungen und Täuschungen.

Es ist aber nicht notwendig, diese Listen auswendig zu lernen. Es ist alles in deiner Erleuchtungserfahrung enthalten. Wenn du sie erlangst, bist du wie ein Mensch, der ein Siegel besitzt. Du kannst es, sooft du willst, und auf jede beliebige Unterlage aufdrücken und dabei Lacke der verschiedensten Farben und Schattierungen benutzen, es wird immer dasselbe Siegel der Weisheit sein.

Der unermeßliche Schatz gehört jedem. Wir alle sind Teil des Dharmakāya, aber wie können wir dies erkennen, wenn wir nicht meditieren und die Früchte unserer Bemühungen erlangen? Dies ist der Körper der Erlangung, damit ist aber nicht eine statische Vollendung gemeint. Die reine Kraft, die wir im Dienst der Menschheit einsetzen, nennt man den Verwandlungskörper. Wenn du den Ton der einen Hand hörst, hast du die spiegelgleiche Weisheit verwirklicht. Wenn du ein Licht auf Tausende von Kilometern Entfernung auslöschen kannst, kommt deine Weisheit der Identität oder Wesensgleichheit zum Ausdruck. Sobald du mir sagen kannst, ob der Mann, der dir begegnet, dein jüngerer oder dein älterer Bruder sei, hast du die Weisheit des klaren Erkennens von Beziehungen verwirklicht. Wenn du mir vormachst, wie du in einen Gegenstand eintrittst, etwa in ein Räucherstäbchen, um allen Buddhas deine Verehrung zu bezeugen, beweist du deine Fähigkeit, Zen in die Tat umzusetzen. Was die Befreiung anbelangt, ist es sinnlos, sie in acht Arten zu unterteilen. Der blaue Himmel ist unbegrenzt! Wir können höchstens sagen, die Wolken ziehen hier oder dort vorüber.

An deine Fähigkeit, Gegenstände auf Entfernung zu bewegen, glaube ich, wenn du mir eine Handvoll Schnee vom Mt. Whitney bringen kannst; daß du imstande bist, göttliche Stimmen zu vernehmen, glaube ich dir, wenn du die Engel im dreiunddreißigsten Himmel singen hörst; daß du dich an frühere Existenzen erinnern kannst, glaube ich dann, wenn du mir sagen kannst, wo du warst, als Gautama Buddha geboren wurde; an deine Fähigkeit, den Kreislauf von Leben und Tod aller Wesen zu erkennen, glaube ich, wenn du mir sagen kannst, wessen Diener der gegenwärtige, alle vergangenen und die zukünftigen Buddhas sind; daß du keinen Täuschungen mehr unterliegst, glaube ich dir, wenn du alle bösen Gedanken und Taten vermeidest, um gute Gedanken und Taten zu entwickeln, nicht nur für dich selbst, sondern zugunsten aller, mit denen du in Verbindung stehst. Wunder? Was für ein Unsinn! Nutze doch einfach jeden Augenblick im Ablauf des Gesetzes von Ursache und Wirkung.

> Ein hervorragender Schüler des Zen strebt gleich die höchste Wahrheit an.
> Ein mittelmäßiger oder guter Schüler lernt gerne von anderen, doch fehlt ihm das starke Vertrauen.
> Wenn du dich der zerschlissenen Hüllen deiner vorgefaßten Meinungen entledigst, wirst du dein wahres Selbst erkennen.
> Was hat es dann noch für einen Sinn, sich um Äußerlichkeiten zu bemühen?

Musō Kokushi, ein japanischer Zen-Meister, sprach einst von den drei Arten von Schülern. Es gab diejenigen, die alle Verstrickungen von sich warfen und sich mit Leib und Seele dem Zen-Studium widmeten. Dann gab es andere, die weniger zielstrebig waren und die Lösung in Büchern oder in verschiedenen anderen Tätigkeiten suchten. Die dritte und niedrigste Gruppe bestand aus Schülern, welche die Worte Buddhas und der Patriarchen wiederholten, statt in sich selbst nach dem Schatz zu graben.

Wenn Zen keine Lehre ist, die das Problem ein für allemal lösen kann, dann hat ein Laienschüler kaum eine Chance, ein erstklassiger Schüler zu werden. Zen gehört zur »plötzlichen« Schule des Buddhismus. Vielleicht mußt du eine ganze Weile nach deinem inneren Schatz graben, hast du ihn aber einmal gefunden, wirst du seinen Glanz sofort erkennen. Wer die Ansicht vertritt, daß man jeweils nur Bruchstücke findet, gehört zu denen, die erst die Dunkelheit aus einem Raum tragen wollen, bevor sie das Licht einschalten.

Vergiß den Verdruß der Vergangenheit und die Sorgen um die Zukunft und leb friedlich in der Gegenwart. Jeder Augenblick birgt die Chance, daß du ein hervorragender Zen-Schüler wirst.

> Es gibt vielleicht Menschen, die den Zen verleumden oder Einwände dagegen erheben.
> Sie spielen mit dem Feuer; sie versuchen vergeblich, den Himmel in Brand zu setzen.
> Für den wahren Zen-Schüler sind ihre Worte süßer Nektar.
> Aber selbst diesen vergißt er, wenn er den Bereich des Nicht-Denkens betritt.

Ein Schüler des Zen wird wenige Menschen treffen, die seine Vorstellungen teilen oder seine mühelosen Bemühungen verstehen. In anderen Schulen des Buddhismus heißt es, daß ein Schüler viele Stadien durchschreiten muß, bevor er hoffen darf, in einem künftigen Leben die Erleuchtung zu erlangen.

Andere Religionen hingegen werden viele Unterschiede feststellen und darin einen Anlaß für Auseinandersetzungen finden. Diskussionen haben noch nie jemanden überzeugen oder gar zur Erleuchtung führen können. Ein Zen-Schüler vermeidet folglich jede unfruchtbare Polemik und hilft anderen, sooft er kann, ohne zu erwarten, daß andere ihm helfen. Er kennt seinen Reichtum und weiß ihn zu benutzen.

Ein Blinder war einmal bei einem Freund zu Besuch. Als er nach Hause wollte, war es schon dunkel, so bot ihm der Freund eine Laterne an. »Ich brauche keine Laterne«, meinte er. »Für mich sind Hell und Dunkel doch einerlei.« »Ich weiß, daß du keine Laterne brauchst, um den Weg nach Hause zu finden« erwiderte sein Freund, »andere aber könnten dich im Dunkeln übersehen. Nimm sie doch!« Der Blinde nahm also die Laterne, er war aber noch gar nicht weit gekommen, daß ihn jemand anrempelte. »Schauen Sie doch, wo Sie hingehen!« rief der Blinde. »Können Sie die Laterne nicht sehen?« Der Fremde antwortete: »Die Kerze in Ihrer Laterne ist abgebrannt.«

Versichere dich deshalb, daß deine Kerze immer brennt – für deine eigene Sicherheit und die der anderen.

> Schimpfworte betrachte ich als tugendhaft,
> Und den, der sie äußert, als Lehrmeister.
> Ich werde den Verleumder aber weder begünstigen
>   noch anfeinden.
> Warum soll ich also die beiden Kräfte der Beharr-
>   lichkeit – das Wissen um das Ungeborene und
>   die Liebe zu allen Lebewesen – zum Ausdruck
>   bringen?

In der vorangegangenen Strophe lehrte uns Yōka Daishi, daß wir uns nicht mit Verleumdern abgeben sollen, in dieser hingegen fordert er uns auf, sie als Lehrmeister zu betrachten. Es gibt Menschen, die Gott ihre Sünden beichten, es aber nicht mögen, wenn andere ihre kleineren Unzulänglichkeiten kritisieren. Wie berechtigt sie die Kritik auch finden mögen, ist sie ihnen doch sehr unangenehm. Ein Schüler des Zen hört nicht nur darauf, sondern nimmt die Kritik mit Dankbarkeit entgegen.

Mit der Frage: »Warum soll ich also die beiden Kräfte der Beharrlichkeit zum Ausdruck bringen?«, meint er, wir sollen uns nicht lange den Kopf zerbrechen über die Gründe, über das Wie und das Warum. Wenn wir nicht zwischen »Ich« und »Er« unterscheiden, gibt es keine Relativität von Ich und Nicht-Ich. Das ist das Wissen um das Ungeborene. Jeder Bodhisattva oder Schüler des Zen liebt alle Lebewesen, unabhängig von ihrem Aussehen oder ihrem Zustand. Er geht nicht in die Falle des Dualismus, indem er zum Beispiel sagt: »Dieser Mensch hat mich verleumdet. Also werde ich besonders nett zu ihm sein.« Sein Wissen und seine Liebe kommen in allem, was er denkt und tut, ganz natürlich zum Ausdruck, genauso wie die Sonne auf die Erde scheint oder eine weiße Wolke über den blauen Himmel zieht.

> Wer Zen erlangt, muß es auch ausdrücken können.
> Meditation und Weisheit müssen in ihrem vollen Glanz erstrahlen, ohne von irgendeiner Vorstellung von Leere verschleiert zu werden.
> Diese Errungenschaft ist nicht nur wenigen vorbehalten.
> Das bezeugen die Buddhas, die so zahlreich sind wie die Sandkörner am Ganges.

Es gibt vier Arten, Zen auszudrücken. Die Beredsamkeit des Dhamma ermöglicht es uns, die höchste Weisheit zu äußern, wenn wir die Erleuchtung erlangt haben. In dem Augenblick kann eine einzige Geste genügen, um unsere Interpretation der inneren Weisheit in angemessener Weise zum Ausdruck zu bringen. Die zweite Art ist die Beredsamkeit der Vernunft. Der Buddhismus ist eine Religion der Vernunft. Wenn du klar siehst, solltest du ohne Schwierigkeiten berichten können, was du erblickst. Die dritte Art ist die Beredsamkeit der Äußerung. Zen-Schüler sollten sparsam mit Worten umgehen. Menschen gehen verschwenderisch mit Worten um, weil sie so zerstreut sind. Wenn Schweigen Gold ist, dann kann man nur feststellen, daß zur Zeit viel zu viele Silberstücke in Umlauf sind. Die vierte Art der Beredsamkeit ist die des Mitgefühls. Wenn du gelernt hast, ein reines, selbstloses Leben zu führen, dann werden deine Worte kraftvoll und herzlich sein.

Anfänger in der Meditation klammern sich oft an eine einseitige und falsche Vorstellung der Leere, verhalten sich den Dingen des Lebens gegenüber kühl und distanziert und weigern sich, auch selbst einmal die Initiative zu ergreifen. Sobald sie aber die wirkliche Leere erfahren haben, wird ihre Liebe größer sein als diejenige der freundlichsten unerleuchteten Personen.

Diese Errungenschaft ist nicht nur wenigen vorbehalten, wie die große Anzahl der Buddhas (erleuchteter Menschen) bezeugt.

> Die Zen-Lehre der Furchtlosigkeit gleicht dem
>   mächtigen Brüllen des Löwen,
> Das andere Tiere in Angst und Schrecken versetzt.
> Selbst der König der Elefanten vergißt seinen Stolz
>   und läuft davon.
> Mutige Schüler aber lauschen dem Brüllen mit
>   Gelassenheit, genau wie der Drache.

Wenn ein Schüler zum *Sanzen*[5] kommt, läutet er zweimal die Glocke, ohne die geringste Furcht. In jenem Augenblick geht er über Geburt und Tod hinaus. Er transzendiert Zeit und Raum. Was er nun spricht, entstammt direkt seiner Buddhanatur und wird »das Brüllen des Löwen« genannt. Das soll aber nicht heißen, daß er brüllt. Er ist kein leeres Radiogerät, dessen Lautstärke voll aufgedreht wurde. Was er sagt ist das Ergebnis harter Arbeit, und auch wenn ich seine Antwort zurückweisen sollte, bleibt er in seiner Ruhe ungestört. Manchmal bringt ein Schüler einen ganzen Sack voll Antworten, die er eine nach der anderen ausprobiert, um die passende zu finden. Er ist wie ein Hausierer, der bemüht ist, einen Kunden zufriedenzustellen. Anstatt in den Palast der Weisheit einzutreten, wird er in seine Sackgasse der vorgefaßten Meinungen zurückkehren.

In Asien heißt es: »Um Zen zu studieren, braucht es den Mut eines Helden.« Zen wird nie die breite Masse ansprechen. Schon immer war es so, daß Zen-Schüler klug, mitfühlend und mutig waren. Erlangen sie die Erleuchtung, helfen sie jedem Mitmenschen, wie er es gerade nötig hat. Sie sind keine Scharlatane, die allen das gleiche Allheilmittel verschreiben, sondern weise Ärzte, die jedem seinem Leiden entsprechend helfen. Sie haben das Ziel ihrer Meditation verwirklicht, jetzt wollen sie nichts als allen Lebewesen helfen, das ihre zu erreichen.

Zen-Schüler reisen zu Lande und zu Wasser, überqueren Flüsse und Berge,
Besuchen Klöster und holen sich Unterweisung bei Lehrmeistern.

---

[5] *Sanzen* (japanisch; chinesisch: *San-Ch'an*): »Studium des Zen mit dem Meister«, besonders das persönliche Interview mit dem Meister.

> Auch ich bin jenem Weg gefolgt, und so kam ich
> nach Sokei, wo ich meinen Meister traf und das
> Dhamma erhielt.
> Ich weiß jetzt, daß mein wahres Wesen mit Geburt
> und Tod nichts zu tun hat.

Yōka Daishi hat Jahre gebraucht, bis er nach Sokei gelangte. Erst mußte er den Fluß der Vermutungen und das Meer der Intellektualität überqueren, in dem viele zeitgenössische Gelehrte von ihrem Kurs abkamen und nie die Küste des Nirvana erreichten, und dann mußte er noch die Gipfel der Meditation erklimmen, bevor er zur Erleuchtung gelangte. Der Sechste Patriarch hat Yōka das Dhamma nicht verliehen, er hat nur seine Erfahrung bestätigt.

Obwohl in den Kōans und Zen-Geschichten immer wieder von herumfahrenden oder in Abgeschiedenheit lebenden Mönchen die Rede ist, erreichen wir gar nichts, wenn wir diese äußerlichen Umstände einfach nachahmen und uns zu eigen machen. Ein Schüler des Zen ist weder ein Menschenfeind noch ein Frauenfeind, es besteht also nicht die geringste Notwendigkeit, sich in eine Waldhütte zurückzuziehen oder den Umgang mit dem anderen Geschlecht zu meiden. Er meistert seine Situation, wo er auch steht.

Die letzte Zeile dieser Strophe ermöglicht es uns, den Autor dieses Gedichtes näher kennenzulernen: »Ich weiß jetzt, daß mein wahres Wesen mit Geburt und Tod nichts zu tun hat.« Das ist dein Kōan. Wie kannst du dich von Geburt und Tod befreien? Was ist dein wahres Wesen? Denk nicht lange darüber nach! Konzentriere dich darauf.

> Ein Zen-Schüler geht und sitzt im Zen.
> Ob im Reden oder im Tun, im Schweigen oder im
> Nichtstun, sein Körper verweilt in der Ruhe.

Er lächelt selbst beim Anblick des Schwertes, das
sein Leben beenden wird.
Sogar im Augenblick des Todes bleibt er gelassen.
Auch Drogen bringen ihn nicht aus der Ruhe.

Meditation übt man auf vierfache Weise. Erstens: Körper und Geist verweilen in einem Zustand der Ruhe; das ist die Grundlage allen Handelns im Zen. Zweitens: Der Körper bleibt ruhig, der Geist aber bewegt sich, wie beim Lesen oder Anhören eines Vortrages. Drittens: Der Geist bleibt ruhig, aber der Körper bewegt sich, wie etwa beim Gehen. Viertens: Sowohl der Geist als auch der Körper bewegen sich, wie dies im täglichen Leben geschieht. Ein Schüler des Zen kann also jeden Augenblick in Gelassenheit seine Geistessenz erfahren.

Unser großer Lehrmeister Shākyamuni begegnete
vor Millionen von Jahren dem Dīpankara
Buddha[6] und nahm sein Dhamma an.
Seither ist er ein Meister des *Kshānti,* der Geduld,
von einem Leben zum anderen.

Es gibt Menschen, die sich für ihre früheren Leben interessieren, Zen-Schüler aber sehen das Leben als ewige Gegenwart. Geschichten von »Wiedergeburten« verleiten zur Annahme, daß es eine individuelle Persönlichkeit gibt, was jemanden, der ernsthaft nach der Wahrheit sucht, nur ablenken kann. Wenn du die Zeit ausdehnst und den Raum zusammenziehst, wirst du sehen, wie Buddha Shākyamuni vor Millionen von Jahren das Dhamma von Dīpankara Buddha erhielt, wenn du aber den Raum erweiterst und die Zeit zusammenziehst, wirst

---

[6] Dīpankara Buddha: der Legende nach der erste der Buddhas vor dem historischen Buddha.

du erkennen, wie *Kshānti,* die Geduld, die Angelegenheiten der Menschen beherrscht. Was zählt ist der gegenwärtige Augenblick. Solange die Anhänger des Okkultismus dies nicht begreifen und nicht zur Vernunft kommen, werden die spirituellen Geschäftemacher hier und überall äußerst erfolgreich sein.

> Der Mensch wird unzählige Male geboren und stirbt folglich auch unzählige Male.
> Leben und Tod gehen endlos weiter.
> Wenn jemand die wahre Bedeutung von »Geburtlosigkeit« erfaßt,
> Geht er über Trauer und Freude hinaus.
> Im Gebirge zwischen alten Kiefern
> Lebt er allein in einer Hütte.
> In der Ruhe dieses Ortes
> Meditiert und lebt er zufrieden.
> Diejenigen, die das Dhamma verstehen, handeln immer natürlich.
> Die meisten Menschen auf dieser Erde leben in *Samskrita*[7], Zen-Schüler aber leben in *Asamskrita*[8].
> Jene, die anderen etwas geben, um dafür etwas zu bekommen, schießen Pfeile himmelwärts.
> Der Pfeil, der zum Himmel geschossen wird, kehrt zur Erde zurück.
> Wenn sich Einsatz und Ergebnis die Waage halten, bleibt nichts übrig.
> Ganz etwas anderes ist es, sich ohne Hoffnung auf Belohnung zu bemühen.

---

[7] *Samskrita* (Sanskrit): Bedingtheit, die Welt von Geburt und Tod.
[8] *Asamskrita* (Sanskrit): Nicht-Bedingtheit, die Welt der Geburtlosigkeit und der Nicht-Vergänglichkeit.

Dann öffnet sich das Tor der Wahrheit, und wir
 betreten den Garten des *Tathāgata*.
Ein wahrer Schüler des Zen beachtet nicht die
 Blätter und Äste, sondern zielt auf die Wurzel.
Es ist wie die Spiegelung des Mondes im Wasser
 einer Schale aus Jade.
Jetzt kenne ich die wirkliche Schönheit des *Mani-*
 Juwels, des Edelsteins der Befreiung,
Der anderen und mir unendlichen Segen bringen
 wird.

Wir widmen uns der Meditation, um zur Wurzel der Lehre zu gelangen. Stelle mir keine dummen Fragen! Zuerst finde heraus, wer du wirklich bist. Die Spiegelung des Mondes auf dem Wasser ist wunderschön, aber der Mond selbst ist darin nicht vorhanden, ebensowenig wie seine Schönheit am Himmel schwebt.

Der Mond steigt über dem Flusse auf, der Wind
 spielt leise in den Kiefern am Ufer
Die ganze Nacht lang. Was bedeutet diese Ruhe?
Erkenne, daß die Gesetze der Buddha-Natur klar
 im Herzensgrund eingeprägt sind.
Tau, Nebel, Wolke und Dunstschleier reichen, um
 den ursprünglichen Menschen zu kleiden.

Diese Strophe ist ein Kōan. Du mußt hart arbeiten, um einen Schimmer davon zu erhaschen. Wenn du glaubst, ich verberge etwas vor dir, bist du der Schuldige. Ich verstecke nichts vor dir.

Eine Bettelschale besiegte einst Drachen, und ein
 Stab besänftigte streitende Tiger.
Der Stab hatte sechs kleine Ringe an der Spitze, deren
 Rasseln die Leute aus ihren Träumen erweckte.

Die Eßschale und der Stab sind nicht nur Symbole
der Lehre,
Sondern verrichten noch immer *Tathāgatas* Werk
hier auf Erden.

Der Legende nach besiegte Buddha Shākyamuni einst Drachen, indem er sie so klein werden ließ, daß sie in seiner Eßschale Platz hatten. Mit seinem Stab besänftigte ein Zen-Meister einst zwei kämpfende Tiger und bewahrte sie somit davor, daß sie sich gegenseitig zerfleischten. Diese Geschichten sind weder Gleichnisse, noch erzählen sie von Wundern. Wenn du das *Mani*-Juwel gefunden hast, wirst auch du solche Taten vollbringen können.

Wo sind die Lasten des Egoismus, die du so lange schon mit dir herumträgst? Wo sind die dualistischen Gedanken, die ständig in deinem Kopf ihr Gefecht austragen? Schau! Der Mond erhebt sich über dem Fluß von *Samsāra*[9]. Der Wind spielt das Lied des Buddha-Dhamma in den Kiefern am Ufer. Was bedeutet diese Ruhe? Du fühlst jetzt weder die Last des Egoismus, noch die Widersprüchlichkeit dualistischen Denkens. Ist das ein Wunder? Jeder kann diese Erfahrung machen, wenn er den Mut hat, seine Täuschungen abzuwerfen, und so ist, wie er immer schon war – jenseits von Zeit und Raum.

Ein idealer Zen-Schüler sucht weder das Wahre
noch meidet er das Unwahre.
Er weiß, daß dies nichts als dualistische Gedanken
sind, ohne Form.
Nicht-Form ist weder leer noch nicht-leer.
Sie ist die wahre Form der Weisheit des Buddha.

---

[9] *Samsāra* (Sanskrit): der Kreislauf von Geburt und Tod.

Um dir das Verständnis der eben erwähnten Strophe zu erleichtern, möchte ich mit eigenen Worten einen Ausschnitt aus *Shin-jin-mei* wiedergeben, einem Gedicht des Dritten Patriarchen in China. »Die Wahrheit ist wie der unendliche Raum ohne Eingang und Ausgang. Es gibt nichts mehr und nichts weniger. Dumme Menschen schränken sich selbst ein und verschließen die Augen, die Wahrheit aber ist nie verborgen. Einige gehen zu Vorträgen und hoffen, in den Worten anderer die Wahrheit zu entdecken. Andere sammeln Bücher und hoffen, darin die Wahrheit zu finden. Sie sind alle auf dem Holzweg. Unter den Klügeren lernen vielleicht einige zu meditieren, um dadurch eine innere Leere zu erreichen. Sie ziehen diese Leere äußeren Verstrickungen vor, aber es ist noch immer dieselbe alte dualistische Falle. Denke einfach Nicht-Denken, wenn du es ernst meinst mit Zen. Dann weißt du gar nichts, aber du bist mit allem verbunden. Es gibt weder eine Wahl noch eine Vorliebe, und der Dualismus verschwindet von selbst. Bleibst du aber stehen und versuchst, die Ruhe festzuhalten, wirst du feststellen, daß die Ruhe sich ständig bewegt. Wenn Kinder Lärm machen, und du sie laut beschimpfst, wird die Lage nur noch schlimmer. Kümmere dich nicht um den Lärm, vergiß ihn, und du wirst den Frieden in deinem Innern erlangen. Wenn du deine Vorlieben und deine Abneigungen vergißt, wirst du das Einssein kosten. Die Ruhe dieses mittleren Weges ist etwas ganz anderes als die innere Leere.«

> Der Spiegel des Herzens erleuchtet alles ohne Unterschied.
> Seine endlosen Strahlen dringen bis in die letzten Winkel des Weltalls.
> Ohne Ausnahme wird alles darin widerspiegelt.
> Das ganze Universum ist ein Juwel des Lichts, das weder Innen noch Außen kennt.

Hier ist noch ein weiterer Ausschnitt aus *Shin-jin-mei*, um die vorangehende Strophe besser verstehen zu können: »Zen geht über Zeit und Raum hinaus. Zehntausend Jahre sind schließlich nichts als ein Gedanke. Was du gesehen hast ist das, was du in der ganzen Welt hattest. Wenn deine Gedanken über Zeit und Raum hinausgehen, wirst du wissen, daß der kleinste Gegenstand groß ist und der größte Gegenstand klein, daß Sein Nicht-Sein und Nicht-Sein Sein ist. Ohne diese Erfahrung wirst du bei allem zögern. Wenn du begreifst, daß das Eine das Viele ist und das Viele das Eine, wird dein Zen vollkommen sein.«

»Vertrauen und Geistessenz sind ein und dasselbe. Du wirst nur das ›Nicht-Zwei‹ sehen. Das ›Nicht-Zwei‹ ist das Vertrauen. Das ›Nicht-Zwei‹ ist die Geistessenz. Es gibt keine andere Möglichkeit als das Schweigen, um dies richtig auszudrücken. Dieses Schweigen ist nicht die Vergangenheit. Dieses Schweigen ist nicht die Gegenwart. Dieses Schweigen ist nicht die Zukunft.«

> Wenn ein Zen-Schüler die Leere einseitig versteht, übersieht er das Gesetz von Ursache und Wirkung.
> Er wird ziellos leben, mit bösen Gedanken und schlechten Taten.
> Seine Vorstellungen sind krankhaft, da er allem die Existenz abspricht, der Leere selbst aber eine solche einräumt.
> Um sich vor dem Ertrinken zu retten, hat er sich ins Feuer gestürzt.

»Die Leere einseitig sehen« heißt, einen anderen Namen für die Relativität, die Welt der Erscheinungen und das Nichts zu verwenden. Wenn der Buddhismus allem eine Existenz aberkennt, dann gilt das natürlich auch für die Leere. Es gibt eine Ordnung, und es gibt das Gesetz von Ursache und Wirkung. Mit »Leere« meint man auch das, was nicht ausgesprochen werden kann.

> Wer alle Täuschungen ablegt, um die Wahrheit zu suchen,
> Wird vielleicht seine Urteilskraft schulen,
> Er wird aber nie die Erleuchtung erlangen,
> Weil er seinen Feind für sein eigenes geliebtes Kind hält.

Es gibt Christen, die einen Engel bewundern, aber den Teufel hassen. Einige Konfuzianer sehnen sich zurück in die Zeit des Alten Reiches und klagen über die gegenwärtige Regierung. Sie alle versuchen, sich dem Wahren zu nähern, indem sie das Falsche von sich weisen. Sie plagen sich endlos, erreichen aber niemals einen echten inneren Frieden. Zen-Schüler, die der Wahrheit nacheifern, indem sie ihre Täuschungen verschmähen, machen denselben Fehler. Wissenschaftler reduzieren die Materie auf Atome und spalten dann das Atom, wie sie es vorher mit dem Molekül gemacht haben. Sie stehen schließlich vor dem Dilemma, daß man Materie unendlich verkleinern kann – was unsere Vorstellung übertrifft – oder daß es Grenzen hinsichtlich der Teilbarkeit gibt – was ebenso unvorstellbar ist. Mit Zeit und Raum ist es dasselbe. Die Analyse der Materie ergibt am Ende nichts als Energie, eine Energie, die auf unsere Sinnesorgane einwirkt, oder eine, die sich unseren Körperwerkzeugen widersetzt. Wer soll uns denn erklären, was Energie ist? Wenden wir uns von der Physik der Psychologie zu, haben wir es mit dem Geist und mit dem Bewußtsein zu tun. Hier stehen wir vor noch viel größeren Rätseln.

Wir dürfen nicht von der Voraussetzung ausgehen, daß es ein Wahres außerhalb des Unwahren gibt. Wir müssen erkennen, wie das Heilige unheilige Zustände verwandelt. Hier und jetzt müssen wir das himmlische Reich errichten. Die Denkkategorien von Wissenschaft und Philosophie basieren auf dualistischer Verblendung, ganz gleich, wie entwickelt die analytischen Fähigkeiten sein mögen. Laß dich nicht von Redeweisen wie »der Gott in uns« oder »Ich bin Das« hinreißen, sondern erfahre selbst den Zustand des *Samādhi*, wo es keinen Gott gibt, weder Innen noch Außen, wo es weder Dies noch Das, weder Ich noch Du gibt. Dann kannst du, wenn du willst, die christliche Redeweise verwenden und sagen: »Ein Gott, der nicht in der Welt ist, ist ein falscher Gott, und eine Welt, die nicht in Gott ist, ist unwirklich.« Aber bevor du nicht so weit bist, übe dich im Schweigen und setze deine Arbeit beharrlich und schweigend fort, um klar zu erkennen, was Geist und Herz sind.

> Der Mensch läßt sich den spirituellen Schatz entgehen und kommt um seine Verdienste,
> Weil er sich an die dualistische Denkweise hält und die Geistessenz vernachlässigt.
> Um das Tor des Zen zu durchschreiten, muß er diesen Fehler korrigieren.
> Dann kann er die Weisheit erlangen, um den Palast des Nirvana zu betreten.

Buddhisten erwähnen oft die folgenden »sieben Schätze«: Vertrauen, Beharrlichkeit, Zuhören, Demut, Gebote, Selbstaufgabe, Meditation und Weisheit. (Meditation und Weisheit werden als Einheit betrachtet – innere Schulung und äußere Erleuchtung.) Um diese sieben Schätze zu erlangen, muß einer in erster Linie seine Geistessenz klar erkennen, genauso wie Aladin zuerst die Lampe finden mußte, bevor er wundervolle Taten vollbringen konnte.

Obaku, ein chinesischer Zen-Meister, sagte einmal: »Die Buddhas und die Lebewesen entstehen alle aus dem Einen Geist, außer dem es keine Wirklichkeit gibt... Wir leben in der Welt der Form, suchen diesen Geist jedoch außerhalb davon, wodurch er sich uns immer mehr entzieht. Den Buddha zu benutzen, um den Buddha zu finden, oder den Geist zu gebrauchen, um den Geist zu erfassen wird nie möglich sein. Wir sehen nicht, daß sich Buddha vor uns offenbart, sobald unser Gedankenstrom anhält, und jeglicher Versuch, Ideen zu bilden, vergessen ist.«

> Der wahre Schüler des Zen trägt das Schwert des
> *Prajñā* (der Weisheit der Befreiung),
> Dessen Klinge so scharf ist, daß man die Flammen
> um sie herum spürt.
> Es durchschneidet die Täuschungen nicht-buddhistischen Denkens ebenso wie den überheblichen Stolz der himmlischen Teufel.
> Manchmal verkündet der Schüler die Lehre wie ein Gewitter,
> Andere Male strömt er den sanften Regen der Herzensgüte aus.
> Sein Gang gleicht dem des Elefantenkönigs, dennoch liebt er alle Lebewesen.
> Er unterweist fünf Schüler unterschiedlichster Natur und führt sie alle zur Buddhaschaft, auch wenn sie durch die drei verschiedenen Tore zu ihm gekommen sind.

»Himmlische Teufel« sind diejenigen, die sich Zen-Meister nennen oder die Roben sonstiger religiöser Schulen tragen und meinen, daß sie dadurch irgendein göttliches Recht übertragen bekommen haben, das Leben anderer Menschen zu beeinflussen. Stolz ist eine der subtilsten und heimtückischsten Täuschungen und hat viele Gesichter. Nur einer, der *Prajñā* vollständig erlangt hat, ist berechtigt, andere zu führen.

Die fünf Arten von Schülern sind diejenigen, welche die Buddhaschaft durch Verwirklichung der vier edlen Wahrheiten *(Shrāvakas)*, der zwölf *Nidānas*[10] (*Pratyeka*-Buddhas) oder der sechs *Pāramitās*[11] (Bodhisattvas) erlangen; außerdem gibt es Schüler, die unsicher sind, und schließlich die, die in keine der genannten Kategorien passen. Der wahre Schüler des Zen unterweist jeden von ihnen seinem Verständnis entsprechend, bis dieser die Erleuchtung erlangt hat.

> Das kostbare Gras des Himalaya ist das einzige, das du auf dieser Wiese findest.
> Die Kühe, die dort grasen, geben die beste Milch, aus der man den geschmackvollsten Käse gewinnt.
> Die Lehren des Zen sind genauso rein. Wenn der menschliche Charakter geläutert wird, ist er der Charakter aller Lebewesen;
> Wenn das Gesetz der Menschheit erfüllt ist, ist es das Gesetz des Universums.
> Ein Mond spiegelt sich in vielen Gewässern.
> Zahllose Spiegelungen sind nichts als das Abbild des einen Mondes.
> Der *Dharmakāya* aller Buddhas wird zu meinem inneren Wesen,
> Das eins wird mit dem *Tathāgata*.
> Ein Stadium der Meditation enthält alle anderen in sich;

---

[10] *Nidāna* (Sanskrit): der Entfaltungsprozeß des Karma.
[11] *Pāramitās* (Sanskrit): die sechs Vollkommenheiten oder Tugenden; Aspekte der Buddha-Natur.

Die Geistessenz wird durch Farbe, Form, Gedanke
 oder Tätigkeit nicht eingeschränkt.
Ein Schnippen mit den Fingern, und achttausend
 Tore der Lehre öffnen sich.
Ein Augenzwinkern, und zahllose Zeitalter lösen
 sich in nichts auf.
Unzählige Namen und Kategorien haben nichts mit
 meiner Erleuchtung zu tun.

Ein Hauch von Natur bringt die ganze Welt zusammen. Alle Dinge kehren zum Einen zurück, und das Eine wirkt durch alle Dinge. Wenn du ein Kōan löst, hast du alle gelöst. Du bist selber daran schuld, wenn du dich im nächsten verstrickst. Die Erleuchtung hat weder Farbe noch Form, führt zu keiner inneren Regung und zu keiner Handlung, die dualistisch wäre.

Man kann die Erleuchtung weder loben noch tadeln.
Wie der Himmel kennt Wahrheit keine Grenzen.
Wo du auch stehst, bist du von ihr umgeben.
Wenn du sie anstrebst, wirst du sie nicht erreichen.
Deine Hand kann sie nicht festhalten, genauso-
 wenig wie dein Geist sie aussperren kann.
Wenn du aufhörst, danach zu suchen, ist sie mit dir.
Im Schweigen verkündest du sie laut. Wenn du
 sprichst, verkörperst du ihr Schweigen.
So öffnet weit sich das Tor des Mitgefühls zum
 Wohl aller lebendigen Wesen.

Am Anfang deines Zen-Studiums strebst du die Erleuchtung an. Deine Motivation ist lobenswert, solange man von Motivation spricht, in deiner Meditation aber solltest du nichts anstreben. Denke vielleicht an die Erleuchtung, um dich selbst anzuspornen, wenn du nicht meditierst; aber hüte dich vor solchen Verstrickungen. Ansporn ist eine Sache, Meditation eine andere. Bring die beiden nicht durcheinander. Trage deine Meditation wie die ewige Gegenwart und lasse sie in dein tägliches Leben einfließen.

Wenn jemand mich fragt, welchen Zweig des Buddhismus ich studiert habe,
Erzähle ich ihm über *Mahāprajñā*[12], den Kern der Lehre.
Ohne *Mahāprajñā* bist du, auch wenn du Recht und Unrecht erkennst, noch nicht bei der Wahrheit angelangt.
Mit dem Kern der Lehre aber befindest du dich stets im Lande der Wahrheit.
Viele, viele Leben lang habe ich mich mit *Mahāprajñā* befaßt;
Und ich sage das nicht, um dir etwas vorzumachen.
Ich erhielt den Auftrag, die Lehre zu verbreiten;
Buddha hat ihn mir von Generation zu Generation gegeben.
Das Licht der Weisheit wurde erst dem Mahākāshyapa übertragen,
Und von ihm in direkter Linie weiter bis zum achtundzwanzigsten Patriarchen.
Bodhidharma, der »indische Patriarch«, überquerte die Meere und kam in dieses Land.
Mein Lehrmeister in Sokei erhielt seine Robe und wurde der Sechste Patriarch Chinas, wie du gehört hast.
Wer weiß, wie viele Generationen die Lehre in Zukunft weitertragen werden.

---

[12] *Mahāprajñā* (Sanskrit): »Große Weisheit«, die Weisheit der Buddhas.

Der Buddhismus ist die Lehre der Selbsterleuchtung. Kein Gott oder göttliches Wesen wird dir helfen, die Wahrheit zu begreifen. Die Kraft, die du in dir hast, die dies ermöglicht, nennt man *Mahāprajñā*, was soviel wie »große Weisheit« heißt. Das ist der Kern der Lehre, der Ursprung aller Richtungen buddhistischen Denkens. Wer lange theoretisiert, nur Schriften liest oder an Dogmen und Weltanschauungen festhält, irrt fern vom Ziel umher. Eine ethische Haltung und barmherzige Taten sind zwar lobenswert, von bleibendem Wert sind sie aber nur, wenn sie aus *Mahāprajñā* entspringen.

Wenn Yōka sagt, er habe viele, viele Leben lang studiert, bezieht er sich damit nicht auf zahllose Inkarnationen. Als er seine Erleuchtungserfahrung machte, fielen alle seine Täuschungen von ihm ab, und er wurde eins mit dem unermeßlichen Ozean der Weisheit, dessen Wellen von Buddhas und Patriarchen nun auch die seinen wurden. Das Strahlen von *Mahāprajñā* erhellt alle Lebewesen; Buddhas und Patriarchen spiegeln sich diesen Glanz gegenseitig zu.

Yōka faßt kurz die Geschichte des Zen zusammen und fragt sich, wie künftige Generationen die Lehre weiterreichen werden. Es ist jedem einzelnen überlassen, ob er das latent immer vorhandene *Mahāprajñā* entdecken will oder nicht.

> Das Wahre besteht nie ganz für sich – das Unwahre besteht nie ganz für sich.
> Wenn sich die Vorstellung von Existenz und Nicht-Existenz auflöst, verschwindet die Vorstellung von Leere und Nicht-Leere.
> Das Sutra erwähnt zwanzig verschiedene Bezeichnungen für die Leere, die alle für denselben Körper der Buddha-Natur stehen.
> Der Geist regt sich und kommt mit der Außenwelt in Kontakt. Dadurch entstehen Täuschungen.

Subjektivität und Objektivität sind wie Staub auf
der Oberfläche eines Spiegels.
Wenn der Spiegel staubfrei ist, erstrahlt er im
Glanz.
Wenn der Geist sich nicht regt, gibt es keinen
Kontakt und keine Täuschungen..., und es
erscheint das wahre Wesen des Menschen.

Yōka warnt uns davor, Wahr und Falsch als gegeben vorauszusetzen. Ohne Dualismus kann man die Wahrheit schnell erreichen, man muß sie aber in der Meditation erfahren. Das Ergebnis der Meditation übertrifft Gedanken und Worte. Die verschiedenen Bezeichnungen für die Leere sind wie eine Liste von Medikamenten; wenn du gesund und kräftig bist, interessierst du dich nicht dafür. Viele Lehrer versuchen, ihre Schüler an sich zu binden oder zu verwirren, indem sie die verschiedenen Namen für Gut und Böse anwenden, die sich im Lauf der Geschichte angesammelt haben. Wenn du damit ein Geschäft machen willst, dann lerne die Namen auswendig, wenn du aber die Befreiung für dich und andere willst, gib das »Drogengeschäft« auf und übe Zazen.

Traurig ist es, in Zeiten zu leben, in denen
Dhamma nicht praktiziert wird und böse Gedan-
ken gedeihen.
Die Menschen sind nicht imstande, die wahre Lehre
anzunehmen und Selbstdisziplin zu üben.
Sie leben weit von der Wahrheit entfernt und halten
an falschen Vorstellungen fest.
Das Böse ist stark, die Schüler sind schwach, so
verbreiten sich Angst und Haß.
Auch wenn sie von der Lehre des *Tathāgata* hören,
Wollen sie nichts, als sie mit Füßen treten.

Es gibt drei Vorgänge, damit Buddhas Lehre im heutigen Geist Wurzeln schlagen kann: erstens muß die Lehre gut verstanden worden sein; zweitens muß sie genauestens praktiziert werden; und drittens muß sie in aller Tiefe erfahren und in die Tat umgesetzt werden.

Die obige Strophe bezieht sich auf eines der Sutras des Buddha, in dem er voraussagte, daß im ersten Jahrtausend nach seinem Tode die Menschen Dhamma studieren, ausüben und seine Früchte ernten würden; im darauffolgenden Jahrtausend Menschen noch immer die Lehre lernen und einige unter ihnen sie auch ausüben würden, ohne aber damit fortzufahren und die Früchte zu ernten; in den darauffolgenden zehntausend Jahren werde es zwar noch Menschen geben, die davon hören, sie würden die Lehre aber nicht praktizieren und dadurch natürlich auch nicht die Erleuchtung erlangen. Jeder sucht sich seine Epoche aus – diejenige der genauen Befolgung, die der Nachahmung oder die des Verfalls des Buddha-Dhamma. Es kann sein, daß jemand jahrelang studiert und dabei nur Wissen anhäuft (dann ist er in seiner Phase des Verfalls), wenn er aber ernsthaft und tapfer genug ist, sich voll und ganz der Meditation zu widmen, beginnt für ihn vielleicht nächste Woche schon die Zeit der genauen Befolgung oder der Nachahmung.

> Verlangen erzeugt Handeln, das dann zu Leiden führt.
> Es ist sinnlos, andere zu beschuldigen, wenn man erntet, was man selbst gesät hat.
> Wer nicht in der Hölle leiden will,
> Sollte das Rad des Dhamma nicht verleumden.

Als der Buddha seine Schüler das Gesetz des bedingten Entstehens lehrte, sprach er: »Handlungen werden durch Nichtwissen bedingt; Handlungen bedingen ihrerseits Bewußtsein; Bewußtsein bedingt Name und Form; Name und Form bedingen die Tätigkeit der Sinne; die Sinne bedingen Berührung; Berührung bedingt Empfindung; Empfindung bedingt Verlangen; Verlangen bedingt Ergreifen; Ergreifen bedingt Werden; Werden bedingt die Geburt; die Geburt bedingt Alter und Tod, Sorge, Trauer, Klage und Verzweiflung. So kommt es zu dieser Unmenge von Leiden.«

Jeder Zen-Meister wird dich warnen, daß es keine Gleichheit ohne Unterscheidung und keine Unterscheidung ohne Gleichheit gibt, wenige Schüler aber verstehen diesen subtilen Unterschied.

Es ist eine selbstverständliche Tatsache, daß jede Person, unabhängig davon, ob sie erleuchtet ist oder nicht, dem Gesetz des bedingten Entstehens unterliegt. Wenn jemand sein eigenes Leiden beenden und auch anderen helfen möchte, dann soll er dies im Einklang mit dem Gesetz des Universums tun und nicht danach streben, es zu umgehen.

> Im Sandelhain wächst kein Baum von minderer Sorte;
> Seit Menschengedenken wohnen nur Löwen dort,
> Die frei im stillen, dunklen Hain umherstreifen.
> Die anderen Tiere halten sich fern; nicht einmal Vögel fliegen herbei.
> Den älteren Löwen folgen nun ihre Jungen;
> Von denen schon die dreijährigen Tiere laut brüllen.
> Wie kann ein jaulender Fuchs den König des Dhamma nachahmen?
> Selbst wenn hundert Dämonen ihr Maul weit aufreißen, ist es umsonst.

In Indien sagt man, daß in der Nähe von Sandelhainen keine Bäume minderer Sorte wachsen, deshalb benutzen Buddhisten sie als Symbol für die höchste Weisheit. Unter »Vögel« und »Tiere« sind hier Ruhm und Ehre gemeint. Mönche stehen diesen in all ihren Erscheinungsformen immer und überall gleichgültig gegenüber. Nur die jungen Löwen können den älteren folgen, und sie haben schon früh gelernt zu brüllen. Ein jaulender Fuchs mag mit seinen Nachahmungsversuchen zwar einige täuschen – so wie falsche Lehrer die Worte und Rituale der wahren Lehre imitieren mögen –, wenn er aber einem echten Löwen begegnet, ist er verloren.

> Die Lehre des Zen ist kein Thema für das Gefühl.
> Zweifel werden nicht durch Diskussionen aus dem Wege geräumt.
> Ich bestehe auf dein Schweigen.
> Um dich vor dem Fallstrick von Sein und Nicht-Sein zu retten.

Zen gestattet es keinem Schüler, auch nur eine Sekunde seiner Zeit zu verschwenden. Hast du ein Kōan, konzentriere dich darauf. Hast du keins, dann zähle deinen Atem. Kümmere dich nicht um Zweifel. Meditiere weiter! Nur dadurch lernt man, den »Mittleren Weg« zu gehen.

> Falsch ist nicht immer falsch, und richtig nicht immer richtig.
> Wenn du an vorgefaßten Meinungen festhältst, ist der kleinste Unterschied schon eine unüberbrückbare Entfernung.
> Wenn sie den Ursprung erreicht, tritt die kleine Schlange in die Buddhaschaft ein;
> Selbst der gelehrteste Schüler des Buddha erleidet die Qualen der Hölle, wenn er die Essenz nicht berührt.

Das *Saddharma-Pundarika-Sutra* erwähnt eine kleine Schlange, die erleuchtet wurde, während man im *Mahāparinirvāna-Sutra* die Geschichte von Zensho vorfindet, einem gelehrten Schüler, der die Qualen der Hölle erleiden mußte. Wir brauchen aber nicht erst lange die Sutras durchzukämmen, wir können solche Beispiele doch täglich in unserem Leben beobachten. Geschlecht, Alter und Bildung haben nichts mit Erleuchtung zu tun.

> Von meiner frühen Jugend an habe ich Wissen über den Buddhismus angehäuft, indem ich Sutras und *Shāstras* studierte.
> Ich war so beschäftigt, die vielen Begriffe der Lehre zu ordnen, daß ich nicht einmal Zeit zum Ruhen fand.
> Ich mühte mich aber umsonst ab, wie einer, der am Strande Sandkörner zählt.
> Ich hatte das Gefühl, daß Buddha mich tadeln wollte, als ich diese Worte im Sutra las:
> »Was hat es für einen Sinn, den Preis des Vermögens deines Nächsten zu nennen?«
> Jahrelang bewegte ich mich in die falsche Richtung,
> Wie ein verlorener Sohn, der fern von zu Haus herumirrt.

Ein Schüler des Zen muß mehr Zeit beim Meditieren als beim Lesen verbringen – auch wenn es sich um Bücher über Zen handelt. Ohne deine eigene Erfahrung wird dir Zen immer fremd sein, und du bleibst ein philosophischer Amateur. Finde deinen eigenen Schatz.

> Ein Mensch, der die falschen Voraussetzungen hat, versteht die Dinge nur selten richtig.

Es ist für ihn schwierig, die plötzliche Weisheit des *Tathāgata* zu erlangen.
Zwei der fünf Arten von Schülern suchen die Befreiung nur für sich selbst, nicht aus Liebe zu anderen Lebewesen.
Weltliche Gelehrte haben ein dualistisches Wissen, aber nicht *Prajñā*, die Weisheit der Befreiung.

Konfuzius sagte: »Ihrem Wesen nach sind sich die Menschen ähnlich, sie unterscheiden sich jedoch sehr in ihrer Art zu leben.« Wer alle Lebewesen liebt, meditiert, um sie zur Erleuchtung zu führen, und schult dabei seinen eigenen Geist im Zen. Der Geist eines *Shrāvaka* ist zwar bereit, einem erleuchteten Wesen zuzuhören, aber nur, um sein eigenes Leiden zu überwinden. Andere studieren Zen, um gewisse Schwächen, etwa Reizbarkeit, Feigheit oder einen Hang zu Wutanfällen zu bezwingen. Das sind egoistische Schüler. Ebenso steht der Geist eines *Pratyeka*-Buddha der Lehre offen gegenüber, aber auch seine Motivation ist nicht selbstlos. Nicht-buddhistische Gelehrte haben dualistisches Wissen, was sie zu Intellektuellen macht; ihnen fehlt es aber an *Prajñā*, und sie sehen ein, daß ihre Bemühungen der Menschheit kein wahres Glück bringen können.

Menschen, die kindisch und dumm sind, irren abseits der Erleuchtung umher.
Wenn sie eine geschlossene Faust sehen, glauben sie, daß etwas darinsteckt.
Zeigst du mit deinem Finger auf den Mond, unterhalten sie sich über den Finger, nicht über den Mond.
Ihr Denken geht über die fünf Sinne nicht hinaus, während sie in der materiellen Welt Versteck spielen.

Wenn Zen seine Faust öffnet, um zu zeigen, daß nichts darin steckt, ist die spirituelle Kundschaft verwirrt. Solche Menschen genießen den Rausch der Illusionen, und da sie nichts wissen, rezitieren sie begeistert die Texte und nehmen an Andachten teil. Sie sind aber Träumer, die man leicht täuschen kann. Mit diesen falschen Voraussetzungen ist es für sie schwierig, das System der plötzlichen Befreiung zu verstehen.

> Einer, der nichts anderes sieht als die Geistessenz, ist der *Tathāgata* selbst.
> Ihn sollte man Avalokiteshvara[13] nennen: derjenige, der die Welt mit Weisheit und Mitgefühl klar sieht.
> Wenn einer die Wahrheit begreift, weiß er, daß selbst karmische Hindernisse keine Wesenheit haben.
> Wer aber nicht weiß, was wahre Leere ist, macht sich Sorgen wegen Schulden und Guthaben.

Wenn du einmal begreifst, daß nichts existiert, sondern alles Ausdruck der Geistessenz ist, frei von Sein und Nicht-Sein, bist du *Tathāgata,* der Erleuchtete.

Der Erleuchtete muß genauso wie alle anderen seine karmischen Schulden begleichen, er macht sich aber weder Sorgen darüber, noch verschuldet er sich von neuem.

> Der Hungrige lehnt das königliche Mahl ab.
> Wie sollen die Kranken behandelt werden, wenn sie sich vom guten Arzt abwenden?

---

[13] Avalokiteshvara (Sanskrit; chinesisch: Kuan-yin; japanisch: Kannon): der Bodhisattva des Mitgefühls.

Stillt es deinen Hunger, wenn ein anderer ißt? Vergeht dein Durst, wenn ein anderer trinkt? Bist du ausgeruht, wenn ein anderer sich hinlegt? Wer muß sich bemühen, damit du erleuchtet wirst?

> Hast du die Weisheit des *Prajñā,* kannst du Zen auch in der Welt der Begierden üben.
> So wie die Lotosblume im Feuer nicht verbrennt, kann nichts dein Zen zerstören.
> Obwohl Yuse, ein Mönch, einst die wichtigsten Gebote übertrat, ging er, ohne zu zögern, weiter und erreichte Nirvana;
> Das reine Land, das er erbaute, existiert immer noch.
> Das Buddha-Dhamma macht jeden furchtlos.
> Wie schade, daß dumme Gemüter diese Tatsache nicht wahrhaben wollen!
> Sie denken nur an Gewinn und Verlust, wenn sie die Gebote befolgen,
> Und vergessen, daß sie noch immer ohne fremde Hilfe die geheime Tür des *Tathāgata* öffnen können.
> In der Vergangenheit brachen zwei Mönche einmal die Gebote.
> Der Obermönch, Upali, dachte mit seinem beschränkten Verständnis, daß für sie nun keine Hoffnung mehr bestehe.
> Vimalakirti aber, ein Laie, löste die Wolken ihrer Zweifel, genau so wie warmes Sonnenlicht den Frost schmilzt, und sie erfuhren die Wahrheit.

Ein Schüler des Zen muß durch die Welt der Begierden hindurch. In Indien erzählt man die Geschichte von einer Lotosblume, die mitten in einem Feuer aufblühte. Wie die

Lotosblume oder wie ein Phönix wird sich der Zen-Schüler aus der Asche seiner weltlichen Begierden und seiner vergeblichen Reue erheben und durch nichts von seinem Weg zur Erleuchtung abzubringen sein. Er wird seine karmische Schuld begleichen, ohne zu fragen. Das Eis seiner Zweifel schmilzt in der Sonne der Erkenntnis, die alle Lebewesen erleuchtet.

> Die wunderbare Kraft der Befreiung!
> Sie kommt in vielfachster Weise zum Tragen und ist unerschöpflich.
> Man sollte vier Arten von Opfergaben darbieten für diesen Schatz.
> Wenn du dafür bezahlen möchtest, würde eine Million Goldstücke nicht ausreichen.
> Wenn du alles opfern würdest, was du besitzt, wäre deine Schuld damit noch nicht beglichen.
> Doch schon ein paar Worte aus deiner Erleuchtung tilgen jegliche Schuld, ganz gleich, wie weit sie zurückreicht.

Es gibt eifrige Schüler, die morgens und abends und auch sonst jede freie Minute meditieren, um zur Befreiung zu gelangen. Du hast dich mit anderen Religionen und philosophischen Richtungen befaßt in der Hoffnung, dich von deinen Verstrickungen loszulösen. Einige davon haben dir einen Teil deiner wohlvertrauten Last abgenommen, dir dafür aber ihre Dogmen und ihre Weltanschauung aufgehalst. Wirf sie sofort alle weg!

Der Buddhismus befreit dich von unnützer Last, ohne dir dafür etwas zu geben. Wenn du glaubst, du hättest in diesem Zendō etwas dazugewonnen, wirf es beim Hinausgehen fort und gehe mit leeren Händen nach Hause. Dort wirst du merken, daß du in einer ruhigen Stimmung bist – das ist deine Kraft der Befreiung.

Unter den vier Arten von Opfergaben versteht man Kleider, Obdach, Nahrung und Pflege. Dies bietet man normalerweise einem Mönch an, aber jeder Mensch, der die Kraft der Befreiung hat, verdankt sein Glück nicht nur Mönchen und Lehrmeistern, sondern der Menschheit im allgemeinen und überhaupt allen Lebewesen.

> Wie die Erleuchtung zahlloser *Tathāgatas* beweist,
> Ist Zen die höchste aller Lehren, der König des Dhamma.
> Jetzt weiß ich, was das *Mani*-Juwel ist,
> Und überreiche es hiermit jedem, der es entsprechend empfängt.

Obwohl es im *Prajñā* nichts gibt, was »groß« oder »klein« genannt werden könnte, machen Menschen gern solche Vergleiche, solange sie nicht erleuchtet sind. Deshalb sagt Yōka Daishi, daß die zahllosen *Tathāgatas* ein Beweis dafür sind, daß Zen für diejenigen, die stark genug sind, um ihn zu beschreiten, der schnellste Pfad zur Weisheit ist. Die meisten Menschen werden diesen steilen, steinigen Pfad meiden, doch wer sich dafür entscheidet, tut dies von sich aus. Er wurde von keinem Gott dazu auserkoren und gehört auch nicht zufällig einer auserwählten Rasse, Nation oder Glaubensrichtung an. Solche Äußerlichkeiten haben nichts mit Zen zu tun. Jeder kann ein Bodhisattva werden.

> Aus der Sicht der Erleuchtung gibt es nichts zu sehen:
> Weder Mensch noch Buddha.
> Alle Dinge des Universums sind nichts als Blasen auf der Oberfläche des Meeres.
> Alle Weisen der Erde verschwinden mit einem Blitz.

Juden und Christen können sich nur schwer von der Vorstellung, daß Gott außerhalb des Menschen ist, lösen. Obwohl Buddhisten wissen, daß Gautama Buddha einst ein Mensch war wie sie, denken viele von ihnen, daß sie erst in einem künftigen Leben selbst ein Buddha werden. Sie alle sind im Netz des Dualismus von Weisheit und Unwissenheit gefangen. Alles, was du siehst, hörst, riechst, schmeckst oder denkst, ist nur eine Erscheinung deiner Subjektivität und deiner Objektivität. Ganz gleich, wie subtil oder verfeinert diese Erscheinungen auch sein mögen: Zen behauptet, daß du die Erleuchtung nicht erreichen kannst, solange du ein Sklave deiner dualistischen Bindungen bist.

> Selbst im Augenblick des tödlichen Hiebes,
> Bewahrt der Zen-Schüler wie üblich seine Gelassenheit.
> Er verweilt von Augenblick zu Augenblick in seiner Meditation.
> Nichts in der Welt kann sein Licht der Weisheit auslöschen.
> Die Sonne mag erkalten und der Mond sich erhitzen,
> Aber selbst dann kann kein Dämon
> Die höchste Wahrheit des Buddha-Dhamma vernichten.
> Der Elefant zieht den Wagen,
> Und es drehen sich die schweren Räder.
> Kann eine kleine Gottesanbeterin, die ihre Beine von sich streckt, ihnen den Weg versperren?

Ein chinesischer Tyrann ließ einst einen Mönch umbringen, weil er sich geweigert hatte, die königliche Prinzessin zu heiraten. Im letzten Augenblick vor dem Sterben sprach der Mönch:

»Diese Gruppe von vier Elementen hat von Anfang an nicht mir gehört. Die fünf *Skandhas*[14] haben dich getäuscht und in dir die Illusion eines Körpers hervorgerufen. Wenn die Klinge deines Schwertes mir den Schädel abschneidet, ist dies wie dieser Frühlingswind, der die Blüten vom Baum bläst.«

Zen hat kein Wunder anzubieten, welches dein Leben im letzten Moment retten könnte, es kann dir aber Gleichmut in jeder Situation verleihen. Du brauchst dich nur in der Meditation zu üben und deine Subjektivität und deine Objektivität abzuschalten. Dann kannst du deine Subjektivität beiseite lassen und mit deiner Objektivität verschmelzen, oder deine Objektivität fahren lassen und in deiner Subjektivität leben. Wenn du sie beide – deine Subjektivität und deine Objektivität – öffnen kannst und fröhlich und gewandt deine tägliche Arbeit verrichtest, dann lebst du im Zen. Die Lehre des Buddha ist zu einfach, deshalb zögern die Menschen, nach ihr zu leben.

Die »schweren Räder« versinnbildlichen das Buddha-Dhamma und der Elefant die Erleuchtung. In China symbolisiert die Gottesanbeterin einen überheblichen Menschen, der die eigenen Kräfte zu hoch einschätzt. Wie ein Lehrer, der mit Ausdrücken aus Religion und Philosophie jongliert und damit den Weg zum eigenständigen Denken versperrt, steckt die Gottesanbeterin ihre Beine aus; der von Elefanten gezogene Wagen rollt aber weiter.

Der Elefant ist nicht in Gesellschaft von Hasen zu finden.
Die Erleuchtung geht weit über das bloße Denken hinaus.

---

[14] *Skandhas* (Sanskrit): Form (*Rūpa*), Empfindung oder Gefühl (*Vedanā*), Denken (*Samjñā*), das Unterbewußte (*Samskāra*) und Bewußtsein (*Vijñāna*).

Schau nicht länger durch ein Schilfrohr zum Himmel hinauf;
Er reicht viel zu weit, als daß du ihn messen könntest.
Es bleibt also nichts übrig, als daß du selbst die Erleuchtung verwirklichst.
Komm noch in dieser Minute persönlich zu mir!

AUS DEN AUFZEICHNUNGEN DER SCHÜLER BODHIDHARMAS*

Frage: Was ist Buddha-Geist?
Antwort: Dein Geist ist Buddha-Geist. Wenn du ihn in seiner Essenz siehst, nennst du ihn »Soheit«. Wenn du ihn in seiner unveränderlichen Natur siehst, nennst du ihn »*Dharmakāya*«. Er gehört nirgendwohin, deshalb nennt man ihn »Befreiung«. Er wirkt ungehindert und mühelos und wird nie durch andere beeinträchtigt; deshalb nennt man ihn den »wahren Weg«. Er wurde nicht geboren und kann folglich auch nicht sterben; man nennt ihn deshalb »Nirvana«.
Kommentar: Dieser Geist ist nicht dein Eigentum. Er ist ein Bestandteil des Geistes aller Lebewesen. Du nennst ihn einfach »deinen« Geist und »ihren« Geist, wie Kinder, die spielen, sie wären Erwachsene.

Frage: Was ist *Tathāgata*?
Antwort: Einer, der weiß, daß er von nirgendwo kommt und nirgendwohin geht.

Frage: Was ist Buddha?
Antwort: Einer, der die Wahrheit begreift, aber nichts festhält, was es zu begreifen gäbe.

---

* Am Anfang des 20. Jahrhunderts fand M. A. Stein bei Ausgrabungen in Tunhuang, in China, Schriftrollen, unter denen sich Aufzeichnungen, die von Schülern Bodhidharmas gesammelt worden waren, befanden. Diese wurden in die Nationalbibliothek von Pei-ping gebracht, wo D. T. Suzuki sie kopierte und später, 1933, in Japan veröffentlichen ließ.
Nyogen Senzaki erhielt ein Exemplar dieses Buches und übersetzte folgende Auszüge ins Englische. Sie bestehen jeweils aus einer Frage eines Schülers an Bodhidharma, gefolgt von dessen Antwort; in vielen Fällen fügte Senzaki noch einen Kommentar hinzu.

Kommentar: Buddha sprach zu Subhūti: »Was meinst du: Als der *Tathāgata* vor langer Zeit mit Dīpankara Buddha zusammen war, hatte er da einen Einblick ins Dharma?« Subhūti antwortete: »Nein, o Herr. Als der *Tathāgata* ein Jünger des Dīpankara Buddha war, hatte er überhaupt keinen Einblick ins Dharma.« Bodhidharma war mit Recht der achtundzwanzigste Nachfolger des Buddha Shākyamuni.

Frage: Was ist Dharma?
Antwort: Es wurde nie erzeugt und wird nie vermindert werden; deshalb nennt man es Dharma, das Gesetz des Universums.

Frage: Was ist *Sangha*[1]?
Antwort: Man verwendet diese Bezeichnung wegen der Schönheit seiner Harmonie.
Kommentar: Wir lernen nichts, außer einen wirklichen *Sangha* zu bilden... die Harmonie zwischen den Menschen, und die Harmonie zwischen Geist und Körper.

Frage: Was ist die Meditation in der Leere?
Antwort: Man beobachtet die Dinge in der Welt der Erscheinungsformen, verweilt aber immer in der Leere. Das ist die Meditation in der Leere.
Kommentar: Zengetsu war ein Nachfolger des Bodhidharma, der während der T'ang-Dynastie in China lebte. Als ob er Bodhidharmas Worte veranschaulichen wollte, sagte er: »In der Welt leben, aber nicht am Staub der Welt festhalten oder Bindungen schaffen: das ist der Weg des wahren Zen-Schü-

---

[1] *Sangha* (Sanskrit): alle Buddhisten, die Ordensgemeinschaft, Bodhisattvas; wird als eines der drei Juwelen angesehen (die anderen beiden sind Buddha und Dharma).

lers.« Viele Buddhisten sind wie jene drei Äffchen, die ihre Augen, Ohren und Mäuler zuhalten, um nichts Böses zu sehen, zu hören oder zu sprechen. Sie haben Angst, sich den Dingen in der Welt der Erscheinungsformen zu stellen. Statt in der Leere zu verweilen, bauen sie ihre Häuser auf Sand.

Frage: Wie kann man im Dharma verweilen?
Antwort: Denk weder an »Im-Dharma-Verweilen« noch an »Nicht-im-Dharma-Verweilen«. *Sei* einfach im Dharma. Das nennt man dann im Dharma verweilen.
Kommentar: Wenn du dich für einen Zen-Schüler hältst, verwendest du unnötigerweise eine Bezeichnung. Wenn du dich einen Nicht-Zen-Schüler nennst, verleugnest du dich und drängst dich selbst vom Weg. Lebe einfach ganz natürlich im Zen, ohne jegliche Ichbezogenheit. Das nennt man dann im Dharma verweilen.

Frage: Wie können der Mann als Nicht-Mann und die Frau als Nicht-Frau leben?
Antwort: In der Buddha-Natur gibt es keinen Unterschied zwischen Mann und Frau; es gibt überhaupt kein Wesen, das man als »Mann« oder »Frau« bezeichnen würde. So wie die Materie Gräser und Bäume hervorbringt, bringt sie auch die Menschen hervor. Erst beim Vergleichen sagst du »Gras« oder »Baum«. Du hast für deine Illusionen viele Namen. Buddha sagte: »Wenn einer erkennt, daß alles nur als Illusion existiert, kann er in einer höheren Sphäre leben als gewöhnliche Menschen.«
Kommentar: Zen ist weder feministisch noch frauenfeindlich. Männer und Frauen sind Buddha. Sie erscheinen nur in der Illusion als verschieden.

Frage: Wenn einer das Nirvana eines Arhats erlangt, hat er dann die Erleuchtung des Zen?

Antwort: Er träumt nur, und so träumst du!
Kommentar: Genauso wie Bodhidharma! Hast du gehört, was er gesagt hat?

Frage: Wenn einer die sechs *Pāramitās* übt, die zehn Stadien eines Bodhisattva durchläuft und die zehntausend Tugenden vervollkommnet, sollte er wissen, daß alle Dinge ungeboren und deshalb auch nicht vergänglich sind. Eine solche Erkenntnis ist weder Intuition noch Intellektualität. Er hat nichts zu empfangen, und es gibt nichts, was ihn empfangen würde. Hat dieser Mensch die Erleuchtung des Zen?
Antwort: Er träumt nur, und so träumst du!

Frage: Wenn ein Mann die zehn Kräfte besitzt, die vier Arten der Furchtlosigkeit beherrscht und die achtzehn Systeme der Lehre vollendet, ist er genauso wie Buddha, der unter dem Bodhibaum die Erleuchtung erlangte. Er kann alle Lebewesen retten und dann ins Nirvana eingehen. Ist er nicht ein wirklicher Buddha?
Antwort: Er träumt nur, und so träumst du!

Frage: Ich habe gehört, daß alle Buddhas der Vergangenheit, Gegenwart und Zukunft dasselbe Dharma lehren, und daß unzählige Lebewesen vom Leiden befreit werden. Stimmt das etwa nicht?
Antwort: Du hast jemanden über Träume sprechen hören, und du selbst träumst auch. Was immer du dir mit deinem dualistischen Verstand ausdenkst, kann nie eine genaue Beschreibung der Geistessenz sein – deshalb nenne ich dich einen Träumer. Der Traum ist eine Sache, die Erleuchtung eine andere. Bringe die beiden nicht durcheinander. Die Weisheit, die man im Traum hat, ist nicht die wirkliche Weisheit. Wer die wahre Weisheit erlangt hat, ist jenseits aller Ichbezogenheit. Die

Buddhas der Vergangenheit, Gegenwart und Zukunft sind in einem Bereich jenseits der Wahrnehmung. Wenn du dein Denkvermögen ausschaltest und deinem Geist den Weg versperrst, wirst du einen ganz anderen Bereich betreten. Bis dahin aber ist alles, was du denkst, sagst und tust, nichts als Unfug im Land der Träume.
Kommentar: Was sind die sechs *Pāramitās?* Was sind die zehn Stadien auf dem Bodhisattva-Weg? Was sind die zehntausend Tugenden? Was sind die zehn Kräfte? Was sind die vier Arten der Furchtlosigkeit? Was sind die achtzehn Systeme der Lehre? Wenn du mit dem Flugzeug unterwegs bist, sagst du dann die Namen jeder Stadt, jedes Dorfes und jedes Kaffs auf, das du überfliegst? Zen verlangt, daß du, ohne zu zögern, anfängst und dann schnell und direkt an dein Ziel gelangst. Bodhidharma ruft dich, wach doch auf!

Frage: Welche Art der Weisheit sollte einer anwenden, um seine Täuschungen loszuwerden?
Antwort: Wenn du deine Täuschungen beobachtest, wirst du merken, daß sie ohne Grundlage und unzuverlässig sind. Auf diese Weise kannst du deine Verwirrung und deine Zweifel beseitigen. Das nenne ich Weisheit.
Kommentar: Ein Schüler des Zen sollte keine Angst vor Täuschungen haben. Er soll ihnen gerade ins Gesicht schauen und ihr wahres Wesen feststellen. In einem japanischen Gedicht heißt es: »In Wirklichkeit war das Gespenst nichts als ein Busch von verdorrtem Schilf im späthebstlichen Feld.«

Frage: Welche Art von Täuschungen werden durch Zen beseitigt?
Antwort: Jede Illusion von Mittelmäßigkeit, jede Täuschung eines Philosophen, eines *Shrāvaka,* eines *Pratyeka*-Buddha oder eines Bodhisattva.

Kommentar: Bodhidharma meint, daß sich alle diese Menschen im kalten Wasser des Zen das Gesicht waschen sollten.

Frage: Welchen Unterschied gibt es zwischen dem vortrefflichen Leben eines Weisen und der alltäglichen Existenz normaler Menschen?
Antwort: Es ist wie mit den Sommerfäden: Einige verwechseln sie mit Dunst, in Wirklichkeit aber sind sie die Seidenfäden einer Spinne, die in der Luft schweben. Ein durchschnittlicher Mensch sieht das Leben eines Weisen und glaubt, es sei gleich wie sein eigenes alltägliches Leben. Ein Erleuchteter hingegen sieht das Heilige in einem durchschnittlichen Leben. Du wirst bemerkt haben, daß Buddha in den Sutras immer zwei Arten von Schülern lehrt, die durchschnittlichen und die weisen. Vom Standpunkt des Zen aber ist das Leben eines Weisen ein Leben der Mittelmäßigkeit, während das Leben eines mittelmäßigen Menschen das eines Weisen ist. Dieses eine Leben hat keine Form und ist seinem Wesen nach leer. Wenn du an irgendwelcher Form festhältst, stoße sie ab. Siehst du ein Ich, eine Seele, eine Geburt oder ein Sterben, stoße sie alle ab.

Frage: Wie und warum stoßen wir sie ab?
Antwort: Wenn du Zen hast, solltest du überhaupt nichts sehen. Im *Tao-te ching* heißt es: »Wer den Weg am besten zu kennen scheint, verfehlt ihn am weitesten.«
Kommentar: Zen entstand aus der Verbindung von Buddhismus und Taoismus. Bodhidharma bezieht sich auf das einundvierzigste Kapitel des *Tao-te ching:* »Wenn ein vortrefflicher Mensch vom Weg hört, so wendet er die Lehre mit Eifer an. Wenn der durchschnittliche Mensch vom Weg hört, erinnert er sich manchmal daran und manchmal vergißt er ihn. Wenn ein dummer Mensch vom Weg hört, lacht er darüber. Die Lehre vom Weg gleicht einem tiefen Tal. Der Reinste scheint am

meisten Schamgefühl zu haben. Der Tugendhafteste scheint der Bescheidenste zu sein. Wer den Weg am besten zu kennen scheint, verfehlt ihn am weitesten. Das feinste Instrument wird als letztes vollendet. Die größte Glocke läutet nur selten. Der Weg ist unsichtbar und unergründbar. Trotzdem aber ist es genau dieser Weg und kein anderer, der geben und vollenden kann.«

Frage: Wie nennst du den Geist der Begierde?
Antwort: Es ist der Geist der Unwissenheit.

Frage: Wie nennst du den Geist der Ichlosigkeit?
Antwort: Es ist der Geist des *Shrāvaka*, Buddhas eigentlichem Schüler.

Frage: Wie nennst du den Geist der Nicht-Wesenheit?
Antwort: Es ist der Geist von Weisen, die nie etwas von Buddhas Lehre gehört haben, aber von sich aus die Wahrheit der Nicht-Wesenheit entdecken.

Frage: Wie nennst du den Geist, der keine besondere Einsicht hat, aber auch keinen schmerzhaften Täuschungen unterliegt?
Antwort: Das ist der Geist der Bodhisattvas.

Frage: Wie nennst du den Geist, der nichts zu wissen, aber auch nichts zu erfahren hat?
Antwort: Keine Antwort von Bodhidharma.
Kommentar: Bodhidharma hat einst gesagt: »Der *Dharmakāya* hat keine Form, folglich sieht man ihn, ohne zu sehen. Das Dharma hat keine Stimme, folglich hört man es, ohne zu hören. *Prajñā* enthält nichts Wißbares, man weiß also, ohne zu wissen. Wenn jemand glaubt, daß er sieht, dann sieht er noch nicht alles. Wenn jemand glaubt, daß er weiß, dann weiß er noch

nicht ganz. Erst wenn er weiß, ohne zu wissen, weiß er wirklich. Wenn einer das nicht weiß, dann ist er kein wahrer Wissender. Wenn einer glaubt, er erlange etwas, dann erlangt er noch nicht alles. Erst wenn er Nicht-Erlangen erlangt, gehört ihm alles. Wenn einer glaubt, er handle richtig, dann ist seine Rechtschaffenheit noch nicht vollkommen. Erst wenn er über Recht und Unrecht hinausgeht, ist seine Tugendhaftigkeit vollkommen. Diese Weisheit öffnet hunderttausend Tore zur höheren Weisheit.«

Obwohl diese Aufzeichnungen der Worte Bodhidharmas mehr als dreizehnhundert Jahre lang in den Höhlen von Tunhuang verborgen gewesen waren, lebten Zen-Schüler weiterhin, wie er es gelehrt hatte. Das Licht des Dharma brennt noch immer, was zeigt, daß die Wahrheit unübertragbar ist und nur durch das Leben selbst erlangt werden kann.

Es gibt ein Zen-Gedicht, das von einem entfernten Nachfolger Bodhidharmas verfaßt wurde:

Wenn der sanfte Regen meine Kleider befeuchtet,
Sehe ich den Buddha, ohne zu sehen.
Wenn ein Blumenblatt leise zur Erde fällt,
Höre ich die Stimme des Patriarchen, ohne zu
  hören.

»Sieh den *Dharmakāya,* ohne zu sehen.« Ethisch gesehen ist *Dharmakāya* nichts als dein wahres Selbst; religiös gesehen nennt man es *Buddhakāya* und philosophisch gesehen *Dharmakāya*. Hakuin sagte, es sei »der Ton der einen Hand«, und dieser Wandermönch in Amerika behauptet, es ist das Auge, von dem schon Meister Eckhart gesprochen hat. Kümmere dich nicht um Namen! Dein wahres Selbst ist weder erkennbar noch unerkennbar. Sieh es, ohne zu sehen, hör es, ohne zu hören, und erlange es, ohne zu erlangen. Bodhidharma erwähnt die hunderttausend Tore zur Weisheit. Zähle sie nicht. Wenn du sie zählst, verfängst du dich. Sage deinem Urgroßvater, daß dies alles torlose Tore im Land der Träume sind.

Bodhidharma sagte: »Alle Buddhas lehren die Leere. Warum? Weil sie alle konkreten Vorstellungen ihrer Schüler zerschmettern wollen. Solange ein Schüler auch nur irgendwie an einer Vorstellung von Leere haftet, verrät er alle Buddhas. Der eine hält am Leben fest, obwohl es nichts gibt, was Leben genannt werden könnte. Der andere klammert sich an die Vorstellung vom Tod, obwohl es nichts gibt, was Tod genannt werden könnte. In Wirklichkeit gibt es nichts, was geboren wird, und folglich nichts, was vergehen könnte.

»Durch das Festhalten erkennt man einen Gegenstand oder eine Vorstellung. Die Wirklichkeit jedoch kennt weder Innen noch Außen, auch nicht etwas dazwischen. Ein unwissender Mensch baut sich Täuschungen auf und leidet unter seinem dualistischen Denken. In Wirklichkeit gibt es Richtig und Falsch nicht. Der Unwissende macht sich seine Vorstellungen, erkennt sie, definiert sie in bezug auf Nähe oder Ferne, Innen oder Außen; er macht also Unterscheidungen. So wird das im allgemeinen gehandhabt in der Welt der Erscheinungsformen.«

Kommentar: Als ich noch ein Kind war, gab mir mein Pflegevater die erste Einführung in die Leere. Er hielt immer alle Süßigkeiten in einer Dose, die er mir gelegentlich reichte, als ich ihn fragte, ob etwas darin sei. Eines Tages antwortete er mir: »Heute ist weiter nichts drin als Leere.« »Darf ich diese Leere bitte haben?« bat ich. Mein Pflegevater antwortete: »Mein liebes Kind, die Leere hat weder Form noch Farbe, weder Klang noch Geruch. Du schmeckst sie nicht im Mund und kannst sie nicht mit den Händen berühren. Sie ist nie in diese Dose hineingetreten, und sie wird sie auch nie verlassen.

Die Leere ist weder gut noch schlecht, weder schön noch häßlich. Sie ist weder schwer noch leicht. Ich weiß, daß sie dir weder gefallen noch mißfallen wird. Und jetzt schau her!« Dann nahm er den Deckel von der Dose. Damals verstand ich nur, daß keine Süßigkeit in der Dose war – der Sinn seiner Worte blieb mir unverständlich. Ich mußte zehn Jahre lang studieren und Zazen üben, bevor ich begriff, was Leere wirklich ist. Bodhidharmas Worte sind dir vielleicht nicht klar, habe aber Geduld und warte, bis du ihren Sinn erfährst. Diese Worte haben den Glanz des Lichts des Dharma. Ich hoffe, daß du dich ganz der Meditation widmest und das Licht entdeckst, das nicht nur dich, sondern alle Lebewesen dieser Erde miterleuchtet.

Bodhidharma sagte zu seinen Schülern: »Buddhas Lehre verleiht euch die höchste Weisheit. Wer sie nicht erfahren hat, kann sie nicht beschreiben. Von einer Generation zur anderen haben die Patriarchen größte Mühen auf sich genommen, um sie zu erlangen. Keiner verlor Zeit für unnütze Dinge. Sie praktizierten, was normale Menschen nicht praktizieren können. Sie hielten aus, was andere nicht aushalten können. Wenn du ein paar Tugenden hast und etwas von der Welt weißt, bilde dir nichts darauf ein. Wie willst du mit solch geringer Erkenntnis das Dharma-Rad der Mahāyāna-Lehre drehen?«

Wenn du den Geist dieser Worte verwirklichst, dann brauchst du den Müll nicht, der in Tunhuang ausgegraben wurde. Geh schnurstracks weiter zum Palast deines wahren Selbst, dann stehst du persönlich vor dem blauäugigen Mönch.

Frage: Gibt es schnelle und langsame Methoden, die Erleuchtung zu erlangen?
Antwort: Wenn einer erkennt, daß die endlose Zeit der Geist ist, wird er sie schnell erlangen, wenn er aber einen Punkt in seinem Geist festsetzt und von dort aus sein Ziel anstrebt, dann wird es lange dauern. Der Weise weiß, daß sein Geist der Weg

ist; nur der Unwissende stellt sich den Weg außerhalb seines Geistes vor. Er weiß weder, wo der Weg ist, noch, daß der Geist selbst der Weg ist.

Kommentar: Wer diese Aussagen Bodhidharmas aufgezeichnet hat, muß schwer von Begriff gewesen sein. Für uns heute sind die beiden ersten Sätze mehr als genug. Wenn man ankommt, braucht man nicht zweimal die Kontrolluhr zu stechen.

Frage: Warum erlangt einer die Erleuchtung schnell?
Antwort: Weil der Geist den Körper des Weges bildet und deshalb schnell zu erreichen ist. Die Unwissenden wollen die Zeit kennzeichnen und von dieser Norm aus beginnen. Sie müssen sich deshalb ihr Ziel auf der Grundlage ihrer Täuschung setzen.

Kommentar: Wenn jemand zum Beispiel das Leben genießen will, kann er das immer und überall tun. Strebt er nach etwas, das erwerbbar ist, muß er sich sein Ziel auf der Grundlage von Zeit und Örtlichkeit machen. Mit diesen zwei Täuschungen kann er sein Leben aber nicht voll genießen.

Frage: Welcher Teil des Geistes bildet den Körper des Weges?
Antwort: Der Geist ist wie das Holz oder der Stein, aus dem jemand ein Bildnis schnitzt oder meißelt. Wenn er einen Drachen oder einen Tiger daraus macht und beim Anblick desselben in Furcht gerät, ist er wie ein dummer Mensch, der sich eine Vorstellung von der Hölle aufbaut und dann Angst davor hat. Ohne diese Angst würden alle unnötigen Gedanken verschwinden. Ein Teil des Geistes erzeugt Sehen, Hören, Schmecken, Riechen und Empfinden, die wiederum zu Gier, Zorn und Unwissenheit und all den dazugehörigen Neigungen und Abneigungen führen. Auf diese Weise sät man die Keime, die später zu großem Leiden führen. Erkennt man von Anfang an, daß die Geistessenz leer und ruhig ist, dann sollte man

keine starren Vorstellungen über Zeit und Raum haben. Trotzdem aber schafft man sich diese Bilder von Tigern, Löwen, Drachen, Dämonen, Kriegern und anderen Monstren, erkennt sie, indem man sie miteinander vergleicht, und entwickelt entsprechende Neigungen und Abneigungen. Wenn man von Anfang an weiß, daß es das alles nicht wirklich gibt, dann sollte man auch wissen, daß Geistessenz ungeformt ist. Diese Bilder sind folglich nichts als Illusionen. Wenn man das begreift, ist man im selben Augenblick befreit.

Frage: Was ist der natürliche, einfache Geist, und was ist der unnatürliche, komplizierte Geist?
Antwort: Briefe und Reden entstammen dem unnatürlichen, komplizierten Geist. Sowohl in der materiellen als auch in der immateriellen Welt bleibt oder geht, sitzt oder liegt oder bewegt sich jemand ganz unschuldig – in anderen Worten, mit einem natürlichen, einfachen Geist. Wenn jemand von Lust oder Unlust unberührt bleibt, kann man seinen Geist einen natürlichen, einfachen Geist nennen.

Frage: Was ist richtig, und was ist falsch?
Antwort: Aus dem Nicht-Geist heraus zu unterscheiden ist richtig. Mit dem Geist zu unterscheiden ist falsch. Wenn einer über Richtig und Falsch hinausgeht, macht er es wirklich richtig. Es heißt in einem Sutra: »Wenn einer auf dem richtigen Weg geht, dann unterscheidet er nicht zwischen Richtig und Falsch.«
Kommentar: »Mit dem Geist« heißt hier mit einer ichbezogenen psychologischen Reaktion. Mit »Nicht-Geist« hingegen ist eine ungehinderte, natürliche, selbstlose Reaktion gemeint.

Frage: Was ist ein weiser und was ist ein schwerfälliger Schüler?
Antwort: Ein weiser Schüler verläßt sich nicht auf die Worte

seines Meisters, sondern stützt sich auf die eigene Erfahrung, um die Wahrheit zu finden. Der schwerfällige verläßt sich darauf, durch die Worte seines Meisters allmählich zur Einsicht zu kommen. Ein Meister hat zwei Arten von Schülern: die einen vernehmen die Worte des Meisters, ohne sich an das Materielle oder das Immaterielle zu klammern, ohne an Form oder Nicht-Form festzuhalten, ohne an belebte oder unbelebte Dinge zu denken – das sind die weisen Schüler; die anderen sind sehr wißbegierig, häufen Erklärungen an und verwechseln Gut und Schlecht – das sind die schwerfälligen Schüler. Ein weiser Schüler versteht auf Anhieb; er läßt den niedrigeren Geist aus dem Spiel, wenn er die Lehre vernimmt, und folgt auch nicht dem Geist des Weisen. Statt dessen geht er über Weisheit und Unwissenheit hinaus. Wenn aber jemand, der die Lehre hört, zwar nicht an weltlichen Begierden festhält und keine Liebe für den Buddha oder den wahren Weg empfindet, aber Ruhe vor Konfusion, Weisheit vor Unwissenheit, Untätigkeit vor Tätigkeit wählt und daran festhält, dann ist er ein schwerfälliger Schüler. Wenn jemand aber über Weisheit und Unwissenheit hinausgeht, nicht gierig auf die Lehre ist, nicht in vollkommener innerer Sammlung verweilt, kein rechtes Denken aufkommen läßt und keine Ambitionen hegt, ein *Pratyeka*-Buddha oder ein Bodhisattva zu werden, dann ist er ein weiser Schüler.

EMPFEHLUNGEN AN ZEN-SCHÜLER
von Zengetsu*

In der Welt leben, aber nicht am Staub der Welt festhalten oder Bindungen schaffen: das ist der Weg des wahren Zen-Schülers.

Wenn du siehst, wie jemand gute Taten vollbringt, sporne dich an, seinem guten Beispiel zu folgen. Hörst du aber, daß jemand falsch gehandelt hat, nimm dir vor, selbst nicht ebenso zu handeln.

Auch wenn du dich allein in einem dunklen Raum befindest, benimm dich so, als ob ein hoher Gast bei dir wäre.

Drücke deine Gefühle aus, drücke aber nicht mehr aus, als du wirklich fühlst.

Armut ist dein Reichtum. Tausche sie nicht gegen ein bequemes Leben ein.

Ein Mensch mag wie ein Narr erscheinen, ohne dumm zu sein. Vielleicht will er seine Weisheit bewahren und hütet sie sorgfältig.

Tugend ist das Ergebnis von Selbstdisziplin und fällt nicht von alleine vom Himmel wie Regen oder Hagel.

Bescheidenheit ist die Grundlage aller Tugenden. Laß die anderen dich finden, bevor du dich ihnen zu erkennen gibst.

Ein edles Herz drängt sich nicht vor. Es äußert sich nur selten, so wie man wertvolle Edelsteine nur selten herzeigt.

Jeder Tag ist ein guter Tag für den wahren Schüler. Die Zeit vergeht, er fällt aber nie zurück.

Weder Ruhm noch Schande kann sein Herz bewegen.

Diskutiere nicht über Richtig und Falsch. Kritisiere immer dich selbst und nie andere.

---

* Die Biographie Zengetsus ist unbekannt; man weiß lediglich, daß er Schüler des Tokusan (782–865) und des Sekiso (807–888) war.

Einige Dinge wurden lange Zeit für falsch angesehen, obwohl sie richtig waren. Da der Wert der Rechtschaffenheit vielleicht erst Jahrhunderte später erkannt wird, ist es unnötig, sofortige Wertschätzung zu erwarten.

Warum überläßt du nicht alles dem großen Gesetz des Universums und lebst jeden Tag mit einem friedlichen Lächeln?

GLOSSAR

Anatta (Pali; Sanskrit: *Anātman*): die Unmöglichkeit, weder im Körper noch im Geist eine unabhängige, unvergängliche Wesenheit, die man als Selbst bezeichnen könnte, festzustellen.

Anicca (Pali; Sanskrit: *Anitya*): Vergänglichkeit, Unbeständigkeit.

Arhat (Sanskrit; Pali: *Arahat*): einer, der sich durch vollkommene Erkenntnis befreit hat; Ideal des Theravāda-Buddhismus.

Asamskrita (Sanskrit): Nicht-Bedingtheit, die Welt der Geburtlosigkeit und der Nicht-Vergänglichkeit.

Avalokiteshvara (Sanskrit; chinesisch: Kuan-yin; japanisch: Kannon): der Bodhisattva des Mitgefühls.

Bodhisattva (Sanskrit): ein Mensch, der sich nicht nur seine eigene Erleuchtung, sondern die aller Lebewesen zum Ziel gesetzt hat; darin unterscheidet er sich von einem Arhat.

Buddha-Dharma (Sanskrit): im Zen, erleuchtete Weisheit.

Buddha-Hrydaya (Sanskrit): der helle Glanz der Erleuchtung.

Buddha Shākyamuni: »der Weise aus dem Geschlecht der Shākyas«; häufig verwendete Bezeichnung für Gautama Buddha.

Dharma (Sanskrit; Pali: *Dhamma*): das kosmische Gesetz; die Lehren des Buddha; der Inhalt der Erleuchtungserfahrung, der direkt, intuitiv und von jedem selbst·erfahren werden muß.

Dharmakāya (Sanskrit): der »Körper der Großen Ordnung«, einer der drei Körper des Buddha; bezeichnet auch das wahre Wesen eines Menschen, den Ton der einen Hand, den ewigen Buddha.

Dhyāna (Sanskrit): Meditation.

Dhyāna-Buddhismus: Vorgänger des Zen-Buddhismus in China.

Dīpankara Buddha: der Legende nach der erste der Buddhas vor dem historischen Buddha.

Dukkha (Pali; Sanskrit: *Duhkha*): Leiden.

Hinayāna (Sanskrit): das »kleinere Fahrzeug«; eine der beiden Hauptrichtungen im Buddhismus; vorwiegend in Südostasien und auf Sri Lanka verbreitet.

Karma (Sanskrit; Pali: *Kamma*): das Gesetz von Ursache und Wirkung.

Kōan (japanisch): ein Problem, das ein Zen-Meister einem Schüler zur Lösung aufgibt.

Mahākāshyapa: einer der Schüler des Buddha und der erste, auf den das Licht des Zen übertragen wurde. Von ihm aus gibt es eine direkte Übertragungslinie zu Bodhidharma und zu den weiteren Patriarchen.

Mahāprajñā (Sanskrit): »Große Weisheit«, die Weisheit der Buddhas.

Mahāyāna (Sanskrit): das »große Fahrzeug«; die zweite der beiden Hauptrichtungen im Buddhismus; in Tibet, China, Korea, Japan und Vietnam verbreitet.

Mani-Juwel (Sanskrit): legendärer Edelstein, der seinem Träger sämtliche Wünsche erfüllt.

Nidāna (Sanskrit): der Entfaltungsprozeß des Karma.

Nirvana (Sanskrit; Pali: *Nibbāna*): im Mahāyāna-Buddhismus gleichbedeutend mit Erleuchtung, ist kein negativer Zustand, wie viele annehmen, auch kein Zustand der Nicht-Existenz außerhalb von *Samsāra*, dem Kreislauf von Geburt und Tod.

Pāramitās (Sanskrit): die sechs Vollkommenheiten oder Tugenden; Aspekte der Buddha-Natur; diese sind *Dāna* (die Freigebigkeit), *Shīla* (die Sittlichkeit), *Kshānti* (die Geduld), *Vīrya* (die Entschlossenheit), *Dhyāna* (die Meditation) und *Prajñā* (die Weisheit).

Prajñā (Sanskrit): Weisheit; die Fähigkeit, intuitiv und nicht nur verstandesmäßig das wahre Wesen der Dinge zu erfassen.

Pratyeka-Buddha (Sanskrit): jemand, der durch die Verwirklichung der zwölf *Nidānas* die Buddhaschaft erlangt.

Samādhi (Sanskrit): wird manchmal an Stelle von *Dhyāna* verwendet, bezieht sich aber meistens auf den Zustand, den man durch das Praktizieren von *Dhyāna* erlangt.

Samsāra (Sanskrit): der Kreislauf von Geburt und Tod.

Samskrita (Sanskrit): Bedingtheit, die Welt von Geburt und Tod.

Sangha (Sanskrit): alle Buddhisten, die Ordensgemeinschaft, Bodhisattvas; eines der drei Juwelen (die anderen beiden sind Buddha und Dharma).

Sanzen (japanisch; chinesisch: *San-Ch'an*): »Studium des Zen mit dem Meister«, besonders das persönliche Interview mit dem Meister.

Shamatha (Sanskrit): »Ruhiges Verweilen«.

Shāstras (Sanskrit): Kommentare zu den Sutras.

Shrāvaka (Sanskrit): jemand, der durch das Hören der Lehre und die Verwirklichung der vier edlen Wahrheiten die Buddhaschaft erlangt.

Skandhas (Sanskrit): die fünf *Skandhas* sind: Form (*Rūpa*), Empfindung oder Gefühl (*Vedanā*), Denken (*Samjñā*), das Unbewußte (*Samskāra*) und Bewußtsein (*Vijñāna*).

Sutra (Sanskrit; Pali: *Sutta*): »Leitfaden«, Lehrrede des Buddha.

Tathāgata (Sanskrit): Buddha, Geistessenz, Ewige Gegenwart.

Tathāgata-Dhyāna (Sanskrit): erleuchtete Meditation.

Theravāda: dasselbe wie Hinayāna-Buddhismus.

Vaipulya: Sammlung einiger der wichtigsten Sutras des Mahāyāna-Buddhismus.

Vipassanā (Pali; Sanskrit: *Vipashyanā*): »Besondere Einsicht«, intuitives Erkennen (im Theravāda und in der Tendai-Schule gebräuchlicher Ausdruck).

Zazen (japanisch, vom chinesischen Ausdruck *tso ch'an*): in Meditation sitzen.

BIBLIOGRAPHIE DER WERKE NYOGEN SENZAKIS

Auf englisch (in chronologischer Reihenfolge):

Kōken Murano: *Buddha and His Disciples (A Guide to Buddhism)*, Tokyo 1932.
  Enthält Sōen Shakus »The First Step in Meditation«, ein Vorwort von Nyogen Senzaki, vierzig Geschichten von Murano und einen Zusatz mit neun Essays und Reden von Senzaki.

N. Senzaki/S. Reps: *The Gateless Gate*, Los Angeles 1934.
  Die erste englische Übersetzung des *Mumonkan* (chinesisch: *Wu-men-kuan*).

N. Senzaki/S. Reps: *Ten Bulls*, Los Angeles 1935.
  »Die zehn Ochsenbilder« mit einer Übersetzung des traditionellen Kommentars.

N. Senzaki: *On Zen Meditation: What a Buddhist Monk in America Said*, Kyōto 1936.

Kōken Murano (Hrsg.): *What American Buddhist Pioneers Think*, Japan 1939.

N. Senzaki/Paul Reps: *101 Zen Stories*, Philadelphia 1940.
  Geschichten aus der chinesischen und japanischen Zen-Tradition.

N. Senzaki/Ruth Strout McCandless: *Buddhism and Zen*, New York 1953.
  Die Originalfassung des vorliegenden Buches.

Paul Reps (Hrsg.): *Zen Flesh, Zen Bones. A Collection of Zen and Pre-Zen Writings*, Rutland, Vermont, 1957.
  Enthält in einem Band *The Gateless Gate, Ten Bulls* und *101 Zen Stories* und dazu noch einen kurzen Essay von P. Reps über Yoga.

N. Senzaki/Ruth Strout McCandless: *The Iron Flute: One Hundred Zen Kōan with Commentary by Genrō, Fūgai, and Nyogen*, mit Zeichnungen von Toriichi Murashima, Rutland, Vermont, 1964.

Die Übersetzung von *Tetteki Tōsui,* einer japanischen Sammlung klassischer Kōans aus China und Indien mit Kommentaren.

Louis Nordstrom (Hrsg.): *Namu Dai Bosa. A Transmission of Zen Buddhism to America by Nyogen Senzaki, Sōen Nakagawa, Eidō Shimano,* New York 1976.

Enthält biographische Daten, Gedichte und dreißig Essays von Senzaki sowie Photos.

Eidō Shimano (Hrsg.): *Like a Dream, Like a Fantasy: The Zen Writings of Nyogen Senzaki,* Tokyo 1978.

Reden, Essays, Übersetzungen und Gedichte.

Auf deutsch:

N. Senzaki/Ruth Strout McCandless, *Genro. Die hundert Zen-Koans der »Eisernen Flöte«,* Zürich 1973.

Paul Reps (Hrsg.): *Ohne Schweigen, ohne Worte,* Bern 1976.

Übersetzung von *Zen Flesh, Zen Bones.*